Gakken

中学入試 まんが攻略BON! 歴史 上巻

もくじ

第1章 日本の国の始まり

- 第1話 大昔のくらし ——— 4
  【縄文時代以前・縄文時代】
- 第2話 米づくりのくらし ——— 12
  【弥生時代・むらからくにへ】
- 第3話 大和政権の誕生と拡大 ——— 20
  【卑弥呼・邪馬台国・大和政権】
- 要点整理と重要事項のまとめ① ——— 28
- ★入試によく出るビジュアル図鑑① ——— 29
- 重要事項の一問一答① ——— 30

第2章 貴族のくらし

- 第4話 聖徳太子の政治 ——— 38
  【聖徳太子・十七条の憲法・冠位十二階】
- 第5話 大化の改新と律令政治 ——— 46
  【大化の改新・壬申の乱・大宝律令】
- 第6話 平城京と奈良の大仏 ——— 54
  【平城京・大仏・聖武天皇】
- 第7話 平安京と摂関政治 ——— 62
  【平安京・摂関政治・浄土信仰】
- 要点整理と重要事項のまとめ② ——— 64
- ★入試によく出るビジュアル図鑑② 平安時代の文化 ——— 65
- 重要事項の一問一答② ——— 66

第3章 武士の政治の始まり

- 第8話 武士の登場と平氏政権 ——— 74
  【武士団・平氏・日宋貿易】
- 第9話 鎌倉幕府の政治 ——— 82
  【源平合戦・鎌倉幕府・執権政治】
- 第10話 元寇と鎌倉幕府の滅亡 ——— 90
  【元寇・徳政令・倒幕】
- 要点整理と重要事項のまとめ③ ——— 92
- ★入試によく出るビジュアル図鑑③ 鎌倉時代の文化 ——— 93
- 重要事項の一問一答③

この本の効果的な使い方

この本には、要点の理解と暗記のくふうがいっぱい！うまく使って、中学入試は完ペキ！

1 歴史の流れを確実につかめ！

この本では、何が、どうして、どうなったという歴史の流れが、まんがでわかりやすく理解できるようにくふうされている！まんがを楽しく読みながら、歴史の流れがスイスイ理解できるぞ！
また、所々にある囲み記事や、まんがの脇にある マメ知識 でも理解を深めよう。

2 重要ポイントをスピードチェック！

各まんがのあとには、その時代の 要点整理と重要事項のまとめ のページがついている。ここをしっかり理解しておくだけでも、入試対策はバッチリだ。
重要事項の一問一答 で重要事項がしっかりつかめたかどうかを確認しておこう。

●この続きの江戸幕府の成立以後は、下巻にのっています。

第4章 混乱する武士の政権

- 第11話 建武の新政と室町幕府 —— 94
  [建武の新政・室町幕府・南北朝]
- 第12話 足利義満と東アジアの動き —— 102
  [足利義満・金閣・勘合貿易]
- 第13話 産業と都市の発達 —— 110
  [都市の成立・農業の発達・土一揆]
- 第14話 応仁の乱と戦国時代 —— 118
  [応仁の乱・下剋上・戦国大名]
- ★入試によく出るビジュアル図鑑③ 室町時代の文化 —— 126
- ■要点整理と重要事項のまとめ④ —— 128
- ■要点整理の一問一答④ —— 129

第5章 全国統一と江戸幕府

- 第15話 鉄砲とキリスト教の伝来 —— 130
  [鉄砲・キリスト教]
- 第16話 織田信長の統一事業 —— 138
  [信長・安土城・本能寺の変]
- 第17話 豊臣秀吉の全国統一 —— 146
  [秀吉・大阪城・太閤検地・刀狩]
- ★入試によく出るビジュアル図鑑④ 安土桃山時代の文化 —— 154
- 第18話 江戸幕府の成立 —— 164
  [家康・江戸城・大名統制]
- ■要点整理と重要事項のまとめ⑤ —— 156
- ■要点整理の一問一答⑤ —— 165

- ■入試問題にチャレンジ ①〜③ —— 166
- ■入試問題にチャレンジ 解答と解説 —— 172
- ●重要年代早覚え付き 最重要項目年表 —— 174

③ 重要用語の暗記ポイントをつかめ！

まんがの下には、入試によく出るの解説や 参考 事項の説明が出ている。まんがを読みながら確認しよう。まんがの中にも ここにも要注意だ！ 入試に出る！ 重要 があるよ。 重要用語

④ 文化についてもばっちり！

それぞれの時代を代表する文化が見開きにまとめられているよ。ここさえ見れば、文化の重要ポイントがばっちり理解できる！

第1章 日本の国の始まり

1 大昔のくらし

狩りや漁、採集をしてくらしていた旧石器・縄文時代の生活はどのようなものだったのだろうか。そのようすを見ていこう。

1 縄文時代以前の人々のくらし

今から数万年前、日本が**大陸**と**陸続き**だったころ、さまざまな動物や人々が移ってきた。

- えものを追いかけてわしらも移動だ！

重要

ところが一万年前ごろに気温が高くなったことにより、海面が上昇し、**日本列島**ができた。

- ありゃりゃ！陸が海になっちゃった！
- もうもどれないよ〜！

- いい迷惑だ〜！
- こうなったらここで必死に生きていくぞ！
- 力をあわせてえものをとるんだ〜！
- もっと強力な武器をつくろう。

参考　**日本列島への移住**…海面は今より100m以上低く、陸続きになっていた大陸から人々がわたってきた。

第1章　日本の国の始まり

マメ知識

旧石器時代の人々は、狩りや漁、木の実の採集などで食料を得るために移動してくらした。岩かげや洞くつに住むことが多かったが、簡単な住居を建てることもあった。

←岩宿遺跡で発見された打製石器
（明治大学博物館蔵）

もっとくわしく
岩宿遺跡の発見 — 日本の旧石器時代を代表する

一九四六年、群馬県笠懸町（現在はみどり市）の丘で、行商をしながら遺跡を調査していた相沢忠洋さんによって黒曜石の打製石器が発見された。この岩宿遺跡の発見がきっかけとなって、日本にも旧石器時代の遺跡があることがわかった。

それまでの定説がくつがえされ、日本の旧石器時代研究が始まった。

重要用語　**旧石器時代**…石を打ちかいただけの打製石器を使って、狩りや漁、採集を行っていた時代。土器はまだつくられていなかった。

2 縄文時代の人々のくらし

やがて人々は海や川のそばで小さな集団をつくり、**たて穴住居**を建てて住むようになった。

重要

入試に出る！

何してるの？

縄文土器をつくっているのよ。

土器は食べ物の煮炊きや保存に使うんだよ。

コネコネ

こうやってつくるのよ。

ねん土をひも状にし、輪にして積み重ねる。

形を整えて表面を平らにし、縄などで模様をつける。

日かげで乾燥させたあと枯れ木を積んで火で焼く。

重要用語　**縄文土器**…縄文時代の土器。表面に縄目の文様があるものが多いため、縄文土器とよばれる。厚手でもろく、かざりが多い。

第1章 日本の国の始まり

マメ知識

縄文時代には、シカやイノシシ・ウサギなどを狩り、海や川で魚をとり、海辺で貝をとった。また、ドングリやクルミなど木の実を拾い集めて食料とした。さらに、畑をつくって簡単な栽培を行っていたこともわかっている。

もっとくわしく

広く行われた 縄文時代の交易

縄文時代には広く活発に交易が行われていた。三内丸山遺跡（青森県）では、新潟県糸魚川市のヒスイ、北海道や秋田県・山形県などの黒曜石、岩手県久慈市のコハクが出土している。縄文人は陸路以外にも、丸木舟に乗ってすぐれた航海術で海をわたった。こうした交易にともなって、技術や情報も伝わっていったと考えられている。

↓三内丸山遺跡から出土したヒスイ
（青森県教育庁三内丸山遺跡対策室蔵）

重要用語

たて穴住居…地面を50cmほど掘り下げて、まわりに柱を立てて草やかやの屋根をかけた住まい。1つの住居に4～6人ほどが住んだ。

マメ知識

縄文時代には、石をみがいた磨製石器がつくられた。木を切る、動物の肉を切りさく、けものを射止めるなどの使いみちに応じて、石おの、小刀、矢じり、やり先などさまざまなものがつくられた。

動物の骨や角でもりやつり針もつくられるようになり、魚をつったり貝をとったりもしたよ。

しかし最近はえものが少なくなったなぁ…。

山へ狩りに行った連中がイノシシでもしとめていればいいんだが…。

た…大変だ〜！
山へ行った連中がクマにやられた—！

えものは少なくなってきているし…、
不幸がつづくな…。
魔よけのまじないをしよう。

なんたらかんたら
テケれっつのパーッ！

重要用語　骨角器…イノシシやシカ，鳥などの骨や角でつくった道具。漁に使うつり針やもりのほか，腕輪や首飾りなどの装飾品もつくられた。

第1章　日本の国の始まり

マメ知識

縄文時代後期の遺跡である大森貝塚（東京都）は、一八七七（明治十）年、アメリカの生物学者エドワード＝モースによって発見され、発掘調査が行われた遺跡。この貝塚の発掘調査は日本ではじめて行われたもので、日本の考古学の出発点となった。

重要

当時の人々はまだ狩りなどの自然にたよる不安定な生活だったので、食料が得られなくなると他の場所へ移っていった。

もっとくわしく　貝塚 — 縄文時代の生活のあと

縄文時代の遺跡には、貝がらなどがまとまって積もっている場所がある。これを貝塚といい、当時のごみ捨て場だったと考えられている。

貝塚からは貝がらのほかに、土器や石器、動物や人の骨が見つかることが多く、貝塚を調査すると、人々がいつ、何を食べていたかなど、当時の生活のようすを知ることができる。また、貝塚の分布から、当時の海岸線もわかる。

←貝塚の断面のようす（模型）
（国学院大学考古学資料館蔵）

重要用語　土偶…縄文時代につくられた，女性や動物の形をした土製の人形。豊かなえものや家族の幸せを願って、お守りや、まじないに使われたと考えられている。

マメ知識

三内丸山遺跡の人々はウサギや鳥などの小動物、マグロやマダイなどの魚を食べていたことがわかっている。また、集落の周囲にはクリやクルミの林をつくり、エゴマやマメ類を栽培していたことがわかっている。

ここは今の青森県青森市あたり。

うひゃーでっかいむらがあるよ！

縄文時代を代表するむら三内丸山遺跡の当時のようすだ…。

入試に出る！

こりゃ何だろう？

太い柱だねぇ。

こら！おまえたちどこから来た？

あわわわー。

あ…あやしい者じゃありませんよ　新しい土地をさがして旅をしているだけですよ。

 三内丸山遺跡の掘立柱建物…直径1mもの巨大なクリの木の柱を6本使った、高さ約20mの大型の建物が建てられていたが、何に使われたのかはわかっていない。

第1章　日本の国の始まり

マメ知識

縄文文化は東日本中心に発展したと考えられていた。だが近年、鹿児島県で約九千五百年前の定住集落跡（上野原遺跡）が発掘され、西日本にも独自な文化が発展していたことがわかった。

そ…それにしてもりっぱなむらですね。

エヘン！そうだろう。

こんな大きな建物ははじめて見ましたよ。

これはむらの共同作業や集会のときに使う家だ。

何しろ五百人もの人間が住んでいるからな。

ふぇ〜そんなに！わたしたちもここに住まわせてもらえないでしょうか？

よ〜し！こき使ってやるぞ。

ハハハ…そういう意味じゃなくて…。

こい！

もっとくわしく

縄文時代のおどろきのむら　三内丸山遺跡

三内丸山遺跡（青森県）は五千五百〜四千年前の縄文時代の大集落跡。大型のたて穴住居や大型掘立柱建物の跡をはじめ、大量の土器や土偶などが出土した。発掘調査の結果、多いときで五百人もの人が住むむらが計画的につくられ、農耕を行って定住生活をしていたことがわかった。「小規模なむらで狩りや漁、採集をしていた」という縄文時代のイメージをぬりかえた。

↓空から見た三内丸山遺跡

参考

三内丸山遺跡の大型たて穴住居…最大のものは長さ32m、幅10mの大きさがあり、一般的なたて穴住居の30倍もの広さがあった。

① 弥生時代の人々のくらし

② 米づくりのくらし

米づくりや金属器の使用が本格的に始まり、むらからくにへと大きく発展していく弥生時代のようすを見ていこう。

入試に出る！

紀元前四世紀ごろ

大陸から**米づくり**の技術が伝えられると急速に日本各地に広まっていった。

ここはオレたちのむらとずいぶんちがうな。

あれ？みんなで何かやっているぞ。

枯れた草をつんでどうするんだ？

オホホ…草じゃないわ。米よ。稲の穂をつんでいるのよ。

石包丁（いしほうちょう）

コメ？稲の穂？なんじゃそりゃ？

はじめまして。物々交換にきたのかい？

ああこの毛皮と何か交換してもらおうと思ってね。

重要用語 **石包丁**…稲の穂をつみ取るための磨製石器で、半月形の石の一辺を刃にしたもの。鉄の鎌が広まると使われなくなった。

マメ知識

弥生時代には大陸文化が伝わり、米づくりが本格的に行われて、金属器の使用も始まった。人々は定住してむらをつくり、人々を指導する支配者が現れて、身分や貧富の差が生まれた。

もっとくわしく
米づくりはどこで始まった？

稲が世界で最初に栽培されたのは、以前はインド東北部のアッサム地方から中国の雲南地方にかけての地域だとされていた。しかし、中国の長江河口近くの河姆渡遺跡で約七千年前の水田跡や米づくり用の農具が出土したこと、中流域でさらに古い水田跡が発見されたことなどから、最近は長江の中・下流域を起源とする説が有力だ。

- 米づくりが行われていたおもな遺跡

垂柳
朝鮮半島
日本
登呂
2500年前
板付
菜畑
中国
長江
河姆渡
6000年前

米づくりが始まった地域（推定）

参考　米づくりの広がり…九州北部に伝わった米づくりは、西日本からしだいに東日本へ伝わった。青森県でも水田跡が発見されている。

マメ知識

水田は谷川に近い低湿地を利用してつくられた。人々はその周辺に定住するようになり、むらがつくられていった。米は収穫量が多く貯蔵もできるので、人々の生活は安定し、人口もふえてむらも大規模になった。

矢板…あぜ道の土くずれや水もれを防ぐために補強した平らな板で、一方がとがっている。田と水路やあぜ道の境目にならべて打ちこんだ。

15　第1章　日本の国の始まり

マメ知識

弥生時代になっても、北海道と沖縄では米づくりは行われず、狩りと漁、採集の生活が続いた。各地の交流は活発で、北海道の遺跡から奄美諸島や沖縄でとれる大型巻き貝でつくった腕輪などが出土している。

「梅雨がすぎ暑い夏がすぎて…秋になったら取り入れだ。」

「手間もかかるし大変だが、まいたモミが何倍にもなって収穫できるんだ。」

「苦労なんてふっとんじゃうよ。」

「刈り取った稲の穂は**高床の倉庫**に入れて保存する。」

「これで一年間米を食べられる。」

重要

「この倉庫はねずみが入れないようになっているんだよ。」

↑ねずみ返し

もっとくわしく
お米はどうやって食べたの？

弥生時代の遺跡から出土したかめには、水がふきこぼれた跡や、底に米粒のついているものがあり、現在と同じく煮たり、炊いたりして食べたと考えられている。

弥生時代末期からはこしきという大型の蒸し器を使い、現在の赤飯のようにむして食べることもあった。

●こしきの使い方
- ふた
- こしき
- 布
- 米
- かめ
- 水
- 木製のささえ
- かまど

重要用語　**高床の倉庫**…収穫した稲は高床の倉庫におさめ、稲穂のまま保存した。高床の倉庫は湿気をさけるために床を高くし、ねずみを防ぐねずみ返しが設けられた。

マメ知識

米づくりは多くの人々の共同作業を必要としたので、集団をまとめる指導者が必要になった。指導者はやがてむらの支配者となり、その地位は代々引きつがれていき、社会に身分の差や貧富の差が生じた。

> ありがとう モミをもらっていくよ。
> 教えたとおりにやるんだよ。

> がんばれよ！
> むらに帰ったら米づくりの指導をしてキミたちがカシラだぞー
> へぇ～そうカシラ。

もっとくわしく

金属器の伝来とその使用

弥生時代には、米づくりとともに、大陸から青銅器や鉄器などの金属器も伝えられた。青銅器には、銅鐸や銅剣、矛、銅鏡などがあり、おもに宝物として祭りに使われた。一方鉄器は、農具をつくるための工具や武器など実用品として使われ、農業生産を高め、支配者の力を強めた。

←銅剣
（東京国立博物館蔵）

←銅鐸
（神戸市立博物館蔵）

重要用語 　銅鐸…釣鐘状の青銅器で、祭りに使われた。初期の銅鐸はつり下げて鐘のように音を鳴らしたと考えられている。高さ130cm以上の大型の銅鐸もある。

2 むらからくにへ

カシラー大変です！となりむらの連中が攻めてきました！

なに！

となりむらとは田に引く水のことでもめていたがケンカをしかけてきたか。

今日こそは思いしらせてやる！

米をうばいとれ！

そうはいくか！

水や土地をめぐってむらどうしで争いが起きるようになった。

まいった降参だ！

どうだ 鉄の武器にはかなわんだろう。これからはおまえたちのむらのカシラもわしだぞ！

重要

こうして強いむらは弱いむらを従えて大きなむらとなり、さらに「くに」となっていった。

わしのくにも大きくなったな。

重要用語 奴国…1〜3世紀に九州の博多湾付近にあった小国。中国の歴史書『後漢書』東夷伝に、奴国の王が使いを送り、金印をさずけられたという記録がある。

第1章 日本の国の始まり

「もうまわりにはたいしたくにも目新しい物もない。海をわたった大陸に「漢」という豊かな国があるそうだ。おまえが使者として行ってこい。」

重要
五七年 **奴国の王**が漢に使者を送った。

マメ知識
このころの船旅は命がけなんだぜ。

そして漢の皇帝から**金印**をさずかった。

時代は変わって江戸時代の後半、志賀島（福岡県）の農民が金印を発見した。

「わぁ金だ！」

この金印が奴国の王のものだといわれている。

弥生時代には、米づくりに使う水や米をうばい合うむらどうしの争いが起きた。そのため、むらの周囲に深い堀や垣根を設けた環濠集落、小高い丘にむらをつくる高地性集落が現れた。

もっとくわしく

弥生時代最大級の集落 吉野ヶ里遺跡

吉野ヶ里遺跡（佐賀県）は、国内最大級の弥生時代の集落跡。たて穴住居跡や、高床の倉庫跡のほか、銅剣、銅鐸なども出土し、また、集落全体を堀と土塁、柵で囲み、物見やぐらを建てて敵を見張っていたことがわかった。

この遺跡からは弥生時代数百年間の遺構が見つかっており、この時代の発展のようすがわかる貴重な遺跡である。

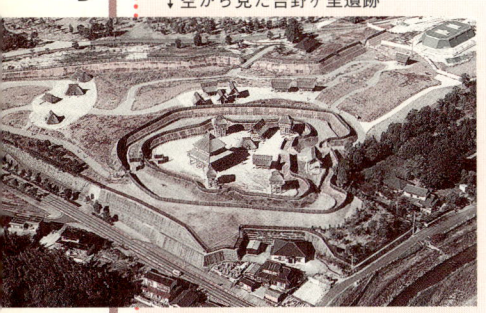
↓空から見た吉野ヶ里遺跡

重要用語

漢…中国の統一王朝で、前漢（紀元前202～紀元後8年）と後漢（25～220年）がある。奴国は後漢にみつぎ物を持った使者を送り、光武帝から金印をさずかった。

③ 大和政権の誕生と拡大

弥生時代末には女王卑弥呼が登場し、その後奈良盆地には強大な大和政権が生まれた。その拡大と発展のようすを見ていこう。

１ 卑弥呼と邪馬台国

三世紀ごろ**邪馬台国**の女王**卑弥呼**は三十ほどの小国を治めていた。

姉上はこの宮殿に住み、うらないやまじないで政治を行っているんじゃ。

入試に出る！

姉上…、つまり卑弥呼様が治めるようになってから平和になり、小国が大きな国にまとまったんじゃ。

もともとこの辺の小国どうしは争いがたえなかったが、

卑弥呼様に会えるのは弟のこのわしだけじゃ。

大陸の国に使者を送り、うしろだてになってもらえ…とのお告げじゃ。

ははっではさっそく。

姉上今度のお告げは？

重要用語 **卑弥呼**（生没年不詳）…『魏志』倭人伝に記された邪馬台国の女王。巫女的な性格が強く、うらないやまじないで政治を行った。

第1章　日本の国の始まり

マメ知識

中国の歴史書『魏志』倭人伝には邪馬台国への道順が記されているが、記述があいまいなため、邪馬台国の正確な場所はわかっていない。現在は大和(奈良県)説と北九州説が有力とされている。

二三九年卑弥呼は魏に使者を送った。

倭国の使者よ帰ったら女王に伝えよ。

魏は邪馬台国を応援するぞ。

魏の皇帝は卑弥呼に「親魏倭王」の称号と金印・銅鏡などをおくった。

重要

数年後卑弥呼が死んだとき、人々はなげき悲しみ大きな墓をつくって埋葬した。

卑弥呼の死んだあとは男の王をたてたが、国の中で争いばかり起きるようになった〜。

卑弥呼のあとつぎで十三才の壱与が女王になり、やっと国に平和がもどった。

もっとくわしく

卑弥呼の墓か?
箸墓古墳

箸墓古墳(奈良県桜井市)は、三世紀後半につくられた最古の前方後円墳の一つで、邪馬台国の女王卑弥呼か、その関係者の墓だとする説がある。『魏志』倭人伝には「卑弥呼が死ぬと、大きな墓をつくった」とあり、邪馬台国が奈良にあったなら、箸墓古墳が大きさや建造時期が一致するという。しかし、発掘調査が行われていないため、まだ何もわかっていない。

↓空から見た箸墓古墳

重要用語

魏…三国時代に呉・蜀とともに中国を三分した国。魏は華北(中国北部)を支配し、洛陽に都をおき、三国のうちでもっとも強大で、倭国との関係も深かった。

2 大和政権の誕生と拡大

三世紀後半、大和地方（現在の奈良県）では、勢力の強い豪族たちを中心として一つにまとまるようになった。

わしらは五世紀ごろまでに九州から東北地方南部を従えて強大な統一国家をつくったんじゃ。

この国家を**大和政権**、その政府を**大和朝廷**というんじゃ。

重要

※大和政権は大和国家、大和王権ともよばれる。

そしてわしは支配者の**大王**だ。

えらいんじゃぞ、わっはは。

しかしわしの力をいつの世までも示す方法はないものか…。

わしがどんなにえらくても年には勝てん。

そうだ！ここにだれにも負けんような大きな墓をつくろう！

さっそくとりかかります。

重要用語 **大王**…5世紀ごろの大和政権の首長は大王とよばれ、7世紀後半の天武・持統天皇のころから天皇という称号が使われるようになった。

23

いやぁ〜でっかい墓だなぁ。

なんじゃここの穴は？

ここの石室に大王さまのご遺体を納めるんだってさ。

こういう死者のたましいをなぐさめるはにわといっしょにね。

重要

マメ知識

百舌鳥古墳群（大阪府堺市の古墳群）にある大仙（山）古墳は全長約四八六メートルの日本最大の前方後円墳。仁徳天皇の墓ともいわれるが、内部の発掘調査が行われていないため、だれの古墳なのかはっきりしていない。

もっとくわしく いろいろある古墳の形

古墳は三世紀後半から七世紀にかけて、豪族や大王をほうむるためにつくられた古代の墓である。
円墳・方墳・前方後円墳・前方後方墳などがあり、近畿地方を中心に九州地方から東北地方まで分布している。巨大な古墳の多くは前方後円墳である。

円墳　方墳　前方後円墳　前方後方墳

重要用語
はにわ…古墳の周囲や頂上にならべた土製品。土留めや境界線を表すために使われたと考えられる円筒形のはにわと、人物、動物、家屋などをかたどった形象はにわがある。

マメ知識　日本の神話は、八世紀につくられた歴史書『古事記』『日本書紀』の神代の巻にある物語などをいう。イザナギ、イザナミの国生み・神生みの物語などさまざまな物語が記されている。

クマソ（熊襲）…『古事記』『日本書紀』に登場する南九州の地名，またはその地方に住んでいた人々。大和政権に従わなかったが，最終的には平定された。

第1章 日本の国の始まり

動くと命はないわよ。

じゃなかった…ないぞ！

あわわわわ 男だったのか〜！

ま…まいった降参するよ。みんな武器をすてろ。

マメ知識

ヤマトタケルは『古事記』では天皇である父との不和に苦しみつつ戦う悲劇の英雄としてえがかれているのに対して、『日本書紀』では天皇に忠誠をつくす国家の英雄としてえがかれている。

これからは大和朝廷に従うよ。

よしっ クマソを大和朝廷にくまそう！

このヤマトタケルの物語は神話の中の物語だが、大和朝廷が各地の豪族を従えていったことは歴史的事実である。

もっとくわしく

ヤマトタケルノミコト
大和政権の統一の象徴

ヤマトタケルは、『古事記』『日本書紀』では、天皇に命じられて九州地方南部のクマソや東北地方のエミシを平定した英雄とされている。
しかし、彼は実在した人物ではなく、大和政権のために戦った多くの勇者たちを一人の英雄にまとめ上げて後世に伝えたと考えられている。
『古事記』『日本書紀』にえがかれたヤマトタケルの物語から、大和政権の統一のようすを見ることができる。

参考 オウスノミコト…クマソの首長クマソタケルがオウスノミコトに討たれたとき、その勇気をたたえてタケルの名をおくったので、以後ヤマトタケルと名のった。

3 大陸文化の伝来

重要用語 渡来人…4〜7世紀ごろ、朝鮮半島や大陸から一族でまとまって日本に移り住み、永住した人々。日本にさまざまな技術や知識をもたらした。

第1章 日本の国の始まり

マメ知識

五世紀の初めに百済から漢字と儒教が伝わった。須恵器はそれまでの土器とは異なり、ろくろを使い、窯で焼くため、固くてこわれにくい。ほかにかんがい工事や堤防づくりなどの土木技術、造船・養蚕・機織り・須恵器づくりなどの生産技術も伝わった。

もっとくわしく　インドから伝わった　仏教の広がり

仏教は紀元前五（六）世紀ごろにシャカが始めた教え。のちに、個人の修行を重んじる上座部（小乗）仏教と、多くの人を救おうとする大乗仏教に分かれた。上座部仏教はおもに東南アジア、大乗仏教は中国へ伝えられ、朝鮮半島を経て、日本へは、五三八年に伝わった。（※五五二年の説もある。）

参考　渡来人が伝えた漢字の使用…江田船山古墳（熊本県）出土の太刀や稲荷山古墳（埼玉県）出土の鉄剣に刻まれた文字から、5世紀中ごろの漢字の使用が確認されている。

要点整理と重要事項のまとめ①

❶ 大昔のくらし（旧石器時代～縄文時代）

①縄文時代以前の人々のくらし
- **大陸と陸続き**…ナウマンゾウやオオツノジカや人がわたってくる。
- **生活**…ほら穴などに住み，狩りや木の実などの採集，漁を営む。**打製石器**を使う。

②縄文時代の人々のくらし
- **縄文時代の始まり**…約1万年前に日本列島ができる。
- **生活**…**たて穴住居**に住み，**縄文土器**や**磨製石器**，**骨角器**を使う。**貝塚**は当時の人々のくらしを知る手がかりに。

❷ 米づくりのくらし（弥生時代）

①弥生時代の人々のくらし
- **米づくり**…紀元前4世紀ごろ，大陸から九州北部に伝わり，西日本から東日本に広まる。
- **道具**…うすくて固い**弥生土器**や，**金属器（鉄器・青銅器）**が使われる。

②むらからくにへ
- **支配者の出現**…**貧富の差**が生まれ，有力者が農作業や戦いを指導するようになる。
- **くにの成立**…むらどうしの争いがふえ，強いむらが弱いむらを従え，小さな**くに**に発展。

❸ 大和政権の誕生と拡大（古墳時代）

①卑弥呼と邪馬台国
- **邪馬台国**…3世紀ごろ，女王**卑弥呼**が**魏**に使者を送る。

②大和政権の誕生と拡大
- **大和政権（大和朝廷）**…3世紀後半に大和や河内などの豪族たちが連合。大王。**前方後円墳**などが各地につくられる。
- **支配の拡大**…5世紀ごろまでに九州～東北地方南部を支配。

③大陸文化の伝来
- **渡来人**…中国や朝鮮半島から日本に移住。**漢字**や土木技術，**仏教**などを伝える。

第1章 日本の国の始まり

重要事項の一問一答 ①

❶ 大昔のくらし（旧石器時代〜縄文時代）

①1万年以上前に使われていた，石を打ちかいてつくった石器を何といいますか。

②約1万年前ごろから使われていた，縄目のもようのついた土器を何といいますか。

③地面を掘り下げて，草やかやで屋根をふいた住まいを何といいますか。

④人々が食べて捨てた貝がらなどが積もってできた遺跡を何といいますか。

❷ 米づくりのくらし（弥生時代）

①紀元前4〜3世紀ごろから紀元3世紀ごろまでを何時代といいますか。

②①の時代に使われていた，かざりが少なく，うすくて固い土器を何といいますか。

③稲などをたくわえるためにつくられた，床を高くした倉庫を何といいますか。

④青銅器と鉄器のうち，おもに工具や武器に使われたのはどちらですか。

❸ 大和政権の誕生と拡大（古墳時代）

①3世紀ごろ，中国の魏に使者を送った邪馬台国の女王はだれですか。

②古墳のうち，四角形と円形を組み合わせた形のものを何といいますか。

③古墳のまわりや頂上に置かれていた素焼きの土器を何といいますか。

④中国や朝鮮半島から日本に移り住み，文化や技術を伝えた人々を何といいますか。

答え 1 ①打製石器 ②縄文土器 ③たて穴住居 ④貝塚 2 ①弥生時代 ②弥生土器 ③高床の倉庫 ④鉄器 3 ①卑弥呼 ②前方後円墳 ③はにわ ④渡来人

第2章 貴族のくらし

④ 聖徳太子の政治

聖徳太子は天皇中心の政治をめざし、中国から政治制度や文化を学ぼうとした。そのようすを見ていこう。

１ 聖徳太子の政治

六世紀になると大和の豪族たちは政権をめぐって権力争いを起こすようになった。

なかでもわしら蘇我氏は天皇と親せき関係をもち、渡来人とも手を結んで勢力を強くしたんだ。

わしは国の財政をみているし、役人の取り立てはわしの好きなようにするぞ…。

まるで天皇きどりではないか。しかもわしのきらいな仏教を広めようとしている。いまいましい！

物部氏

それでも仏教が一番じゃ！

こらっ！わが国には昔からの神への信仰があるんだぞ！

信仰をめぐって物部氏と蘇我氏の二大勢力が激突した。

重要用語 **物部氏**…大和政権で軍事を担当した有力豪族。仏教の受け入れなどをめぐって蘇我氏と対立し、587年、蘇我氏にほろぼされた。

第2章 貴族のくらし

やったぞ！物部をほろぼした。

これでライバルもいないし政治は思いのままじゃ。

わしにつごうのいい天皇をたてよう。

女の天皇ははじめてじゃが炊屋姫に天皇になってもらおう。

お願いします。

わかりました。引き受けましょう。

そのかわり厩戸皇子（聖徳太子）を摂政とします。

推古天皇

入試に出る！

ゲゲッ！あの頭のいい皇子を摂政に！

そりゃまずい！

マメ知識
数代にわたって続いていた蘇我氏と物部氏の対立は、蘇我稲目（？〜五七〇年？）と物部尾輿（生没年不詳）の代に激化し、その子どもの蘇我馬子（？〜六二六年）と物部守屋（？〜五八七年）の代には天皇の後継争いも加わった戦いとなり、仏教の受け入れをめぐって、物部氏はほろびた。

もっとくわしく
推古天皇を助けた 聖徳太子の政治

推古天皇は日本で最初の女帝として即位し、おいの聖徳太子を摂政として政治を行わせた。太子は冠位十二階の制度、十七条の憲法を制定。また、遣隋使を送って、中国の文化や政治制度を積極的に取り入れようとした。
太子の政策は天皇を中心とする政治をめざしたもので、あつく信仰した仏教の思想も反映されている。

蘇我氏…大和政権で財政を担当した有力豪族。物部氏をたおし、馬子・蝦夷・入鹿の時代に全盛を築いた。645年に入鹿が暗殺され、ほろんだ。

第2章　貴族のくらし

一、平和を愛し争いをやめましょう。
二、仏教を大切に。
ふむふむ…。
三、天皇の命令には必ず従うこと。
ゲゲゲのげぇ〜！
四、…。
五、…。
十六、大事なことはみんなで相談して決めること。
十七、こんな規則ばかりじゃわしの自由がきかんわい！
くそ〜！

マメ知識

聖徳太子（五七四〜六二二年）は厩戸皇子、豊聡耳皇子などともよばれる。同時に十人の話を聞き分けて返答したなど、さまざまな伝説が残っており、太子自身が信仰の対象ともされている。仏教をあつく信仰し、法隆寺や四天王寺を建てた。

道徳

もっとくわしく
役人の心構えを示した
十七条の憲法

聖徳太子が六〇四年に定めた十七条の憲法は、法律ではなく、豪族をおさえて天皇中心の国づくりを進めるうえでの役人の心構えを示したもの。仏教の説く和と、儒教の礼の精神が取り入れられ、天皇への服従が強調されている。第一条・十七条で豪族間の和、第二条で仏教の興隆、第三条で天皇への服従を説いている。

重要用語　**冠位十二階**…603年に定められた官位制度。徳・仁・礼・信・義・智の6種類の官位を大小に分けて12階とし、官位ごとに色別の冠をさずけた。

マメ知識

遣隋使船は全長十数〜三十メートルの帆船だが、当時はまだ造船技術が発達していなかったため、荒波でこわれてしまうこともあった。また、海をわたる技術も未熟だったので、航海は命がけだった。

国内問題ばかりでなく外国に負けぬよう大陸の文化を取り入れなくては…。

隋の政治や文化を取り入れようと思うが、小野妹子よ。この国書を持って隋へ行き、国交を結んできてくれ。

はっ！

六〇七年小野妹子は**遣隋使**として中国へ向かった。

入試に出る！

わが国の天子より国書をあずかってまいりました。

日がのぼる国の天子から日がしずむ国の天子へ手紙をさしあげます…だと。

→煬帝

ぶ…無礼な！この隋と**対等**に考えておるとは！ゆるさん！

皇帝、ここは日本という国を調べてからでもおそくないかと…。

うむ…裴世清よ、太子とはどんなやつだか確かめてこい。

はい。

重要用語 　**煬帝**（569〜618年）…隋の第2代皇帝。中国を南北に結ぶ大運河を建設した。東にあった高句麗遠征に失敗して反乱が起こり、煬帝は殺されて隋はほろんだ。

第2章 貴族のくらし

マメ知識

裴世清は小野妹子が帰国するとき同行してきた。

これが日本か…、かなり文化は高いぞ。

よく来てくれました。

太子も立派な人物だ。日本とうまくつき合うようにと皇帝に報告しよう。

裴世清が帰国するとき、小野妹子は遣隋使として留学僧や留学生を従えて、再び中国へわたった。

すぐれた文化や知識を学んで持ち帰り、日本のために役立ててくれよ。

六二二年、太子は志なかばで亡くなった。

聖徳太子が遣隋使を送ったころ、煬帝は高句麗を討つ大規模な遠征を計画していた。そのため煬帝は太子の国書におこったが、裴世清を使者として送り、日本と敵対しないようはからった。

もっとくわしく
出世した小野妹子

小野妹子は近江(滋賀県)出身の飛鳥時代の役人。聖徳太子に命じられ、二度、遣隋使として隋にわたった。二度目のときは、のちに大化の改新で活やくする高向玄理や南淵請安などの留学生や、僧旻も同行した。
妹子は、聖徳太子が定めた冠位十二階の制度で、はじめは第五位の大礼の位だったが、遣隋使の功績などがみとめられて出世し、最後は最高の位である大徳にまで進んだ。

参考　**裴世清**(生没年不詳)…隋の役人。608年、小野妹子が帰国するときに隋の使者として来日し、盛大な歓迎を受け、同年帰国した。

2 聖徳太子の死後は

古人大兄皇子（？～645年）…母は蘇我馬子の娘。皇位継承の有力候補者だったが、蘇我氏がほろびると、むほんの疑いをかけられ、中大兄皇子に殺された。

37　第2章　貴族のくらし

六一八年、中国では隋がほろび**唐**の時代となっていた。

六三〇年、日本からは**遣唐使**が送られた。

わたしたちは小野妹子の遣隋使のときから留学していた者です。

おおっ、長い間ごくろうでした。

今や唐は**律令国家**としてすぐれた制度をもっております。

うむ、何とか日本の政治に取り入れたいものだ。

わたしたちは大陸の文化を伝えにきます。あとはお願いします。

おーい…

マメ知識
遣唐使は六三〇〜八九四年までの間に十数回渡航した。はじめは朝鮮半島沿岸を通ったが、新羅との関係が悪化すると東シナ海を横断するようになり、しばしば遭難して多くの犠牲者を出した。

もっとくわしく　蘇我蝦夷と入鹿

蘇我蝦夷は馬子の子で、推古天皇の死後、舒明天皇を即位させて権力をふるい、蝦夷の子の入鹿は、蘇我氏の安泰をはかって、人気のあった聖徳太子の子の山背大兄王の一族を攻めほろぼした。

蝦夷と入鹿は、朝廷の権力をひとりじめにし、とくに入鹿は父の蝦夷を無視したふるまいが多く、皇家を無視した横暴をきわめた。

（絵：権力・天皇）

重要用語
律令…律は刑法、令は行政（政治のしくみを定める）法で中央集権国家の基本法典。中国の隋・唐の時代に完成し、日本をはじめアジア諸国に広まった。

⑤ 大化の改新と律令政治

大化の改新に始まる律令国家建設の願いは代々の天皇に受けつがれ、ついに大宝律令で完成した。そのようすを見ていこう。

1 入鹿の暗殺と改新の政治

「むほんを起こそうとしている山背大兄王を討つのだ！」
「ぬ…ぬれぎぬだ。」

「入鹿ははやまったことを！」
「父上じゃまものは片づけるにかぎります。」
中大兄皇子様。
「鎌足…。」

「しかし蘇我氏は手ごわいぞ。」
「入鹿の横暴をこれ以上放っておくわけにはまいりません。」
「近々朝廷の儀式があります。そのときに…。」
「儀式中なら武器をあずけているな。」
「うむ…、よしっ同志を集めて蘇我氏を討とう。」

参考 山背大兄王（？〜643年）…聖徳太子の子。有力な皇位継承候補者であったが、蘇我入鹿に攻められ、一族とともに自害した。

第2章　貴族のくらし

マメ知識

中大兄皇子は大化の改新で政治の実権をにぎったがすぐには即位せず、皇太子のまま政治を行った。天智天皇となったのは二十三年後の六六八年である。なぜすぐに天皇にならなかったか、その理由はわかっていない。

六四五年六月飛鳥板蓋宮大極殿で朝鮮国王の手紙を読む儀式が行われた。

「おまえ何をふるえておるのだ。」

「今だ！」

「ええーい！」

「うわぁ！」

入鹿の暗殺を聞いた蝦夷は屋敷に火を放った。

「かなわぬとみて自害したか……。これで天皇中心の国家をつくれるぞ。」

もっとくわしく

大化の改新を断行した 中大兄皇子と中臣鎌足

朝廷では、権力をふるって横暴にふるまう蘇我氏への反感が強まっていた。中臣（藤原）鎌足は蘇我氏打倒を決意し、中大兄皇子に近づいた。二人は親交を深め、蘇我氏をたおして政権を取りもどし、天皇中心の新しい政治を行うことをちかった。二人は六四五年に蘇我入鹿を暗殺して蘇我氏をほろぼすことに成功し、鎌足は長く中大兄皇子を支えた。

←入鹿の暗殺
（談山神社蔵）

重要用語

中臣（藤原）鎌足（614〜69年）…中大兄皇子とともに大化の改新を断行した。のち「藤原」の姓をさずかり、平安時代に全盛をきわめた藤原氏の祖となった。

マメ知識

大化の改新の政治方針は、唐を手本とした律令政治を行うことだった。このため隋・唐に留学して中国の政治のしくみなどを学んできた高向玄理や、僧旻が国博士（政治顧問）として政策立案にたずさわった。

——

中国から帰国したキミたちの意見を聞きたい。

はい唐の国の政治のしくみは…。

よしっ唐の制度を手本にして政治の改革を行おう。

——

六四六年
新しい政治のしくみを発表する。

「**公地公民**」の制度…、豪族たちのもっていた**土地や民はすべて国家のものとする**。【重要】

えーっではおれたち豪族はどうなるんだ？

豪族たちは国の役人となり天皇に仕えるものとする。

「**国郡里**」の制度…、土地と民は天皇の任命した国司・郡司によって治めさせる。

天皇 → 国司 → 郡司

重要用語
口分田…戸籍にもとづいてあたえられた農地。6才以上の男子には2反（約23アール）、女子にはその3分の2、使用人は男女それぞれの3分の1があたえられた。

第2章　貴族のくらし

マメ知識

天智天皇は六六八年に日本最初の法典とされる近江令（行政法）を制定した。この法典は、のちの大宝律令のもとになったといわれるが、くわしい内容はわかっていない。

入試に出る！

班田収授法…、戸籍にもとづいて民に口分田を貸しあたえる。　**重要**

租・調・庸…、土地・農地をあたえられた民は国に税を納める。

そのために土地や人口を調べ戸籍をつくる！

入試に出る！

この政治の改革を**大化の改新**というんだよ。

うむ…会心の策じゃな。

六六七年、中大兄皇子は都を飛鳥から大津に移し、翌年には即位し**天智天皇**となった。

六七〇年には日本初の全国的な戸籍「庚午年籍」が完成したぞ。

もっとくわしく

日本軍が大敗した　白村江の戦い

六六〇年に百済が唐・新羅の軍にほろぼされると、百済復興をめざす勢力は日本に救援を求めた。日本は百済と友好関係にあったため、中大兄皇子は朝鮮半島に大軍を送ったが、日本・百済連合軍は白村江で唐・新羅連合軍に大敗した（六六三年）。

その結果、百済は完全に滅亡し、日本は朝鮮半島から手を引き、内政の充実に力を注ぐようになった。

（地図：白村江の戦い　唐、唐陸軍、高句麗、唐水軍、新羅、百済、百済救援軍、大宰府、難波津（大阪府）、日本）

重要用語

天智天皇（中大兄皇子）（626〜671年）…中臣鎌足らとともに大化の改新を進めた。都を近江（滋賀県）の大津京に移し、全国的な戸籍をつくった。

2 壬申の乱

このところ体調がすぐれん。

そろそろあとつぎのことを考えておかんとな。

実力的には弟の大海人皇子のほうが上だし、あとつぎをまかせると約束したが、

わしの息子大友皇子に位をゆずりたい…。

大海人皇子、あとをたのむぞ…。

兄上はわたしを試しているな。

次の天皇は大友皇子に…。わたしは出家して僧になります。

おおっそうしてくれるかそれなら安心して死ねる。

大海人皇子は吉野宮（奈良県）にしりぞいた。

ここにいては危ない。そうそうに引っ越しだ。

しかし六七二年。

大海人皇子様近江の朝廷が兵を集めています！

なに！

参考 **天武天皇**（？〜686年）…大海人皇子，天智天皇の弟。壬申の乱に勝利し，天武天皇となった。天皇中心の中央集権国家の建設に力をつくした。

第2章　貴族のくらし

争いはさけたかったがこうなれば戦うまでだ。

こうして皇位をめぐる大きな戦いが起きた。この戦いを**壬申の乱**という。

勝ったのは大海人皇子の軍だった。

大津宮は焼け落ち、大友皇子は自害しました。

大海人皇子は飛鳥にもどり、天皇の位につき**天武天皇**になった。

わたしは一人の大臣もおかず、天皇と皇族だけで政治を行うぞ。

マメ知識

天智天皇の死後、後継者の大友皇子（六四八〜六七二年）が天皇に即位したかどうかは、記録が残っていないためわかっていない。明治時代に、即位したとして大友皇子に弘文天皇という名がおくられた。

もっとくわしく　壬申の乱　〜おじとおいが皇位争いをした〜

大海人皇子と大友皇子はおじとおいの関係にある。この肉親である二人が皇位をめぐって戦ったのが壬申の乱である。戦いはおじの大海人皇子の勝利で終わり、敗れた大友皇子は自害し、大海人皇子が天武天皇となった。天武天皇は、大友皇子に味方した豪族たちを政治から遠ざけて、天皇の権力を強めることに成功した。

地図：
- ←大海人軍の進路
- ←大友軍の進路
- 不破関
- 大津宮（大友皇子）
- 吉野宮（大海人皇子）

補足
天皇と皇族中心の政治…天武天皇から奈良時代前半にかけ、皇族が重要な役職について政治を主導する皇親政治が行われた。

3 大宝律令ができる

六八六年、天武天皇が亡くなると、皇后があとをついで政治を行い、持統天皇となった。

夫のめざした律令政治は順調に整いつつあります。

この辺で気持ちをあらためため、都を藤原京へ移したいと思います。

唐の都長安のような立派な都にしましょう。

六九四年飛鳥京から藤原京へと都が移された。

都市計画でつくられた日本最初の大きな都である。

重要用語 藤原京…大和三山に囲まれた地に建設された藤原京（奈良県橿原市）は、唐の都長安を手本につくられ、3代の天皇の16年間都となった。

第2章 貴族のくらし

六九七年、持統天皇は孫の軽皇子に位をゆずった。

文武天皇の誕生よ。

藤原鎌足の子藤原不比等よ、わたしの手助けをたのむ。

ははっ、わかりました。

まずは天武天皇のめざした律令政治を完成させましょう。

七○一年、天皇を中心とする政治のしくみ「**大宝律令**」が完成した。

完ぺきなできだ！以後わが国の法律の模範となるであろう。

重要

マメ知識

持統天皇（六四五〜七〇二年）は天智天皇の娘。壬申の乱では夫の天武天皇とともに戦い、天皇の死後、即位しないまま政治を行ったが、六八九年に皇太子の草壁皇子が病死したため、即位して持統天皇となった。天武天皇の政治を引きつぎ、律令国家体制の整備に努めた。

もっとくわしく 白鳳文化

大化の改新のころに栄えた

白鳳文化は六四五年の大化の改新から七一〇年の平城京遷都までの文化。中国の文化の影響が強く、仏教美術が中心で、代表的なものには、薬師寺の東塔と薬師三尊像、興福寺の仏頭、高松塚古墳壁画がある。和歌もこの時代に形式が完成し、日本最古の和歌集『万葉集』を代表する歌人である柿本人麻呂、山部赤人らが活やくした。

←興福寺の仏頭
（興福寺蔵）

重要用語

大宝律令…701年に完成した律令政治の基本法。藤原不比等らが唐の律令を参考に日本の実情に合うようにつくったもので、律（刑法）6巻・令（行政法）11巻からなる。

⑥ 平城京と奈良の大仏

奈良の平城京に都がおかれ、仏教美術を中心としたはなやかな天平文化が栄えた奈良時代のようすを見ていこう。

1 平城京と人々のくらし

元明天皇
「こらっ おすな」

この藤原京も役所や役人がふえて手ぜまになりました。

奈良にもっと大きな都をつくって移りましょう。

やはり唐の長安にならってもっと立派な都にするのです。

はい！

まず道路を碁盤の目のように整備するのじゃ。

次は建物じゃ。

重要用語 **元明天皇**（661〜721年）…文武天皇の死後、そのあとを受けて即位した。和同開珎の鋳造、平城京遷都などを行った。

第2章　貴族のくらし

入試に出る！

七一〇年、都は**平城京**に移った。これよりあと約七十年間を「**奈良時代**」とよぶ。

「まあ美しいこと。」
「これは朱雀門ともうします。」

平城京は東西に約四・三キロメートル、南北に約四・八キロメートルございまして、藤原京の三倍もございます。

東西には市がたち、地方から運ばれた産物が売り買いされるようになっております。

マメ知識

奈良時代には唐の影響を受けた国際色豊かな天平文化が栄えた。代表的な建築には正倉院や唐招提寺、彫刻には唐招提寺の鑑真像、絵画では正倉院の鳥毛立女屏風（樹下美人図）などがある。さらに『古事記』や『日本書紀』、『風土記』、『万葉集』などの書物もつくられた。

もっとくわしく　平城京・平安京のモデル　中国の都長安

平城京とのちにつくられる平安京のモデルは中国の都長安。長安は中国の古都で、漢・隋・唐など各王朝の都となった。もっとも栄えた唐代には東西約十キロメートル・南北約八キロメートルまで広がり、幅百五十メートルの大路を中心に碁盤の目状に区画され、周囲は城壁で囲まれていた。人口は百万人に達し、国際的な文化都市としてにぎわった。

凡例：
卍 仏教寺院
† キリスト教寺院
■ その他の寺院

大明宮／宮城／皇城／西市／東市

参考

朱雀門…天皇の住まいや役所がある平城宮の正面にあった正門。ここから都を東西に分ける幅約75mの朱雀大路がのびていた。

マメ知識

農民（成年男子）は三人に一人の割合で兵役をあてられ、各地方の軍団に配属された。武器や装備、食料は自分で用意しなければならなかったため、兵士一人を出すとその家はつぶれるとまでいわれた。

や～れ、やっと奈良の都についたが、市はどっちかな…。

おまえ都ははじめてか？だったらわしが案内してやろう。

え～お役人様にそんなことしてもらっちゃバチがあたる。

わしは下級役人だから気にするな。

やさしいお役人もいるんですな。

ここが市じゃ。各地からいろいろな産物が運ばれているぞ。

こりゃあすごいや。

あっ、あの人は貴族ですね。服がちがう…。

こっちはお坊さん！奈良の都はお坊さんが多いや…。

都を守る兵士もいるのか！

ザッ ザッ ザッ

はなやかなもんですね。

こんな歌ができたぞ。

あおによし 奈良の都は 咲く花の にほふがごとく 今盛りなり

重要用語

衛士…宮中の警備や都の治安維持にあたった兵士。毎年1年交代で全国から選ばれた者が上京して任務についた。このほか、九州の大宰府を守る防人という兵士もいた。

第2章 貴族のくらし

だが、いくら都がはなやかだといってもそれを支えているのは地方の農民の税や労役だからな……。

租 稲の収穫高の約三パーセントを納める。

調 織物や地方の特産物を納める。

庸 労役の都で十日間のかわりに布を納める。

重要

マメ知識
一九九八年、奈良県明日香村の飛鳥池遺跡から富本と刻まれた銅銭とその銅銭をつくっていた鋳造所跡が見つかっている。富本銭はもっとも古い貨幣だと考えられていた和同開珎よりも古く、七世紀後半に使用されていたものであることがわかっている。

天皇や貴族がはなやかな生活をおくる一方で農民たちが重税で苦しんでいるんだ。

案内ありがとうございました。わたしはここで失礼します。

その荷物の半分でいいぞ、案内料は……。

げっ！

もっとくわしく　農民を苦しめた税

物で納める税のうち、調や庸は農民が自費で都まで運ばなくてはならなかったため、運搬の途中や帰路で飢えや病気で死亡する者もあった。

また、租・調・庸のほかに兵役と、一年に六十日を限度として、国司の命令で土木工事などの労役を行う雑徭が税として課せられ、これらも重い負担となった。

庸	調	租	雑徭	兵役
				↓
				軍団
		地方の役所		↓
				防人 衛士
				↓
				大宰府
		中央の役所		

□ 物で納める負担　□ 労働で納める負担
■ 物・労働で納める負担

重要用語　**市**…都の東西におかれた市は、月の前半は東市、後半は西市が開かれ、各地の産物が取り引きされた。税として納められたものも売買された。

2 聖武天皇と大仏建立

皇族や貴族の対立…、天災やききん、それに疫病…。

政治も世の中も乱れてきたなぁ。

聖武天皇

み仏の力を借りよう。国ごとに**国分寺**と**国分尼寺**を建てて平和な国をつくるのじゃ。

入試に出る！

寺はできましたが、世の乱れは変わりません。

よーしっ！奈良に**東大寺**を建てて**大仏**をつくろう。

重要

金色にかがやく巨大な仏像を…。

しかしお金がかかりすぎます。

それに農民たちは重税と兵役で疲れきっています。

ならば農民に人気のある**行基**という僧の力を借りよう。

重要用語 **東大寺**…奈良市にある華厳宗の総本山で、聖武天皇が命じて、総国分寺としてつくられた。当時の建物で現在まで残っているのは正倉院だけである。

第2章 貴族のくらし

マメ知識

東大寺の大仏は高さ約十六メートルもある盧舎那大仏で、当時は東北地方から産出した金がぬられて金色にかがやいていた。工事には当時の人口の約四割にあたる、のべ二百六十万人が動員されたという。

（コマ1）
- 仏の教えは貴族だけのものではない。みなで力をあわせて大仏様をつくろう！
- 行基は土木にくわしいし農民に人気があるので労働力も確保できる。一挙両得ですな。

オーッ

（コマ2） 七五二年
- やっと完成した。これで平和な世になるぞ。

もっとくわしく

大仏をつくった 聖武天皇（七〇一〜七五六年）

聖武天皇は、政治の混乱や疫病による社会不安を仏教の力によってはらい、国家の平安を保とうと考え、都ごとに国分寺・国分尼寺、都に東大寺を建て、大仏をつくらせた。

また、七四三年には墾田永年私財法を制定し、開こんした土地の永久私有をみとめた。この法律の制定により、公地公民の制度はくずれ始めた。

←聖武天皇（東大寺蔵）

重要用語

行基（668〜749年）…各地を回って庶民に仏教を広めながら、橋や道路を建設する社会事業に取り組んだ。東大寺の大仏づくりに協力したが、完成前に死去した。

52

マメ知識
日本はまだ僧になるための授戒制度（仏門に入る者に戒律を授ける制度）が整わず、税のがれのために勝手に僧になる者が多かった。鑑真はこの制度を整えるため、朝廷に招かれて来日した。

しかし国分寺や大仏建立で財政はますます苦しくなった。

わしらのくらしはもっと苦しくなったよ。

七五三年
九州
中国から二せきの遣唐使船が帰ってきた。

上皇様、帰国した**遣唐使**たちがあいさつにまいりました。

七五四年

仏教の高僧をお連れしています。
聖武天皇は七四九年に退位し、上皇になっていた。

おお そうか！

上皇 **鑑真**様です。

五たびの失敗 船の遭難などで六度目…、十二年かかって日本にまいりました。

重要

よくぞ来てくれた。これで乱れた日本の仏教が救われる。

重要用語
鑑真（688〜763年）…唐の高僧。失明しながらも753年に来日した。日本にはじめて正式に戒律（僧が守る規律）を伝え、のち唐招提寺を建立した。

第2章　貴族のくらし

マメ知識

ところで遣唐使たちは日本への帰国に際して中国にあるすぐれた文物を持ち帰った。

おおっ！これはなんとすばらしい品じゃ！

それらは遠くローマや西アジア、インドなどからの品々もあった。

これらの品々は聖武天皇の死後、東大寺の**正倉院**に保管された。

入試に出る！

東大寺は何度か戦いに巻きこまれ、大仏は平安時代末期と室町時代に焼き討ちにあい炎上した。現在の大仏は足と台座にわずかに当時の部分が残っているが、ほかは鎌倉・戦国・江戸時代に修復されたものである。

もっとくわしく　正倉院の宝物

シルクロードを経てやって来た

シルクロード（絹の道）は、紀元前二世紀ごろに開かれ、中国の絹をヨーロッパまで運んだ古代の東西交通路。絹や陶器などの交易品だけでなく、さまざまな文化を伝え、東西交流に大きな役割を果たした。正倉院の宝物もこのルートでもたらされ、日本はシルクロードの東の終着点といえる。

↑細かいかざりのある鏡
←美しい模様のある楽器

（正倉院蔵）

重要用語　**正倉院**…東大寺大仏殿の北西にある校倉造の宝物庫。聖武天皇の愛用品や、大仏開眼の儀式に用いた品々、東大寺伝来の文書などが収められている。

7 平安京と摂関政治

平安京に都を移した桓武天皇の政治と、権力をにぎって摂関政治を行った藤原氏の全盛期のようすを見ていこう。

1 平安京と人々のくらし

朝廷での貴族の争いは相変わらずだし…、政治に口を出す僧まで現れるようになった。

桓武天皇

そうだ！寺院の力の強い奈良から都を移そう。

七八四年、**長岡京**の建設が始まり桓武天皇も移ったが…、

暗殺事件はおきるし疫病ははやるし、この都は不吉なことばかりじゃ。

もっとよい場所があります。都を移しましょう。

また引っ越すのか。

おおっよい所じゃ。三方を山に囲まれて自然のとりでのようじゃ。

重要用語 **長岡京**…784年に平城京から現在の京都府向日市付近に移された都。遷都を指揮した藤原種継が暗殺され、造営は進まなかった。

第2章　貴族のくらし

マメ知識

七九四年、山城（今の京都府の一部）に都が移された。

入試に出る！

永遠の平安を願って**平安京**と名づけよう。

この後約四百年間平安京が政治の中心になった。この時代を「**平安時代**」という。

桓武天皇は身内の死亡や疫病の流行などが、藤原種継暗殺事件にかかわった疑いで逮捕されて死亡した弟の早良親王のたたりだとおそれた。平安京へ都を移したのも、たたりからのがれるためだったという説もある。

政治も立て直すぞ！

国司らの監督をきびしくして地方の政治を引きしめる。

インチキして私腹をこやしていないか？

農民から兵士をとるのをやめて負担を軽くしてやろう。

もっとくわしく

平安京

長安にならった

平安京は平城京と同じように、唐の都長安にならった都で、明治時代に都が東京へ移るまで約千年間続いた。東西約四・六キロメートル、南北約五・三キロメートルで、奈良の平城京よりやや大きい。中央に朱雀大路を設けて右京・左京に分け、碁盤の目状に区画して西市・東市を設置した。

↓平安京の模型
（京都市歴史博物館蔵）

重要用語

国司…律令制度のもとで朝廷から諸国に派遣され、地方を治めた役人。その土地の行政・軍事・財政を担当した。

マメ知識

坂上田村麻呂（七五八〜八一一年）は征夷大将軍となって東北地方を平定した。胆沢地方（岩手県奥州市）を平定して胆沢城を築くなど大きな成果をあげ、朝廷の東北支配地を広げ、死後も「武士の神様」としてあがめられた。

それから奈良時代からこぜりあいが続いている東北地方の問題だが…、

ここはわれらの土地だ。朝廷にはわたさん！

武勇のほまれ高い**坂上田村麻呂**を派遣しよう。

そなたを**征夷大将軍**とする。蝦夷をしずめてきてくれ。

重要

はい。

坂上田村麻呂はみごとにわしの期待にこたえてくれた。

これで朝廷の力をさらに北にのばせた。

重要用語 **征夷大将軍**…蝦夷支配のために派遣された将軍。のちに武家政権の棟梁（頭）にあたえられる役職名となり、源氏・足利氏・徳川氏に引きつがれた。

第2章　貴族のくらし

マメ知識

そのころ唐に留学していた二人の僧が帰国して新しい仏教を広めた。

最澄

比叡山に**延暦寺**を建て**天台宗**を広めました。【重要】

高野山に**金剛峰寺**を建て**真言宗**を広めました。【重要】

空海

これらはその後の日本仏教の主流となった。

鎌倉時代にも新しい仏教が生まれたが、浄土宗の法然・浄土真宗の親鸞・日蓮宗の日蓮・曹洞宗の道元など、鎌倉新仏教の開祖の多くが延暦寺で修行し、天台宗を出発点に新しい教えを生み出した。

もっとくわしく　平安時代の新仏教を開いた　最澄と空海

二人はともに八〇四年に遣唐使船で唐にわたった。最澄は唐で天台宗を学び、帰国後比叡山の延暦寺（滋賀県）で天台宗を広めた。密教を学んだ空海は高野山の金剛峰寺（和歌山県）を拠点に真言宗を広めた。

旧仏教が都に寺院をおいたのに対し、新しい仏教は山中に寺院を開いてきびしい修行や学問を行った。新仏教は、貴族の信仰を集め、やがて仏教界に大きな勢力をもつようになった。

（延暦寺蔵）↑最澄
↓空海（高野山金剛峰寺蔵）

重要用語

蝦夷…古代、東北地方などに住んでいた人々。大和政権に従わなかったため、たびたび朝廷から平定のための大軍が送られた。

2 摂関政治の全盛

平安時代のはじめは天皇中心に政治が行われていたが、九世紀になると…。

藤原鎌足の子孫のわれらが皇室と親せき関係を結び、勢力を強め政治の実権をにぎるんだ。

たとえば自分の娘を天皇の后にして生まれた皇子を天皇にする。

天皇が幼いときは**摂政**として…、成人したら**関白**として天皇のかわりに政治を行うんだ。

重要

藤原氏の勢いは十一世紀前半の**藤原道長**・頼通父子のころもっとも栄えた。

```
        兼家
  ┌──┬──┬──┬──┬──┐
 詮子 超子 道長 道綱 道兼 道隆
```

わたしは藤原兼家の四男坊だったが幸運が味方して藤原氏のトップに立ったんだ。

入試に出る！

重要用語 摂政…天皇が幼少のときや、女帝のときに天皇にかわって皇族が政治を行った役職。866年に藤原良房が摂政に任じられて以降、藤原氏が独占した。

第2章　貴族のくらし

兄たちははやり病で死に、親せきの有力者は失策で追放された。

もっとも幸運だったのは天皇の后になった四人の娘に皇子が生まれたことだ。

わしは三代の天皇の祖父となり、摂政だ。

後一条天皇　後朱雀天皇　後冷泉天皇

今の気持ちを一首…。

ゴホン…

この世をば わが世とぞ思う もち月の 欠けたることも なしと思えば

この世はわしのためにあるようなものじゃ 思いどおりにならないものはない…という意味じゃ。

マメ知識

平安時代の貴族の婚姻では、子どもは母方で養育され、母方の縁が重視された。このため藤原氏の娘の子が天皇になると、外戚（母方の親戚）の藤原氏が政治の実権をにぎることができた。

もっとくわしく

摂関政治の全盛期を築いた　藤原道長・頼通

藤原氏は藤原道長・頼通父子の時代に全盛期をむかえた。道長は一族の権力争いに勝ち、四人の娘を天皇にとつがせて権力をほこった。

その後、息子の頼通が約五十年にわたって三代の天皇の摂政・関白を独占し、栄えた。しかし、孫となる皇子にめぐまれなかったため、藤原氏と直接関係のない後三条天皇が即位すると、藤原氏の勢力はしだいにおとろえていった。

←藤原道長
（藤田美術館蔵）

重要用語

関白…実質は摂政と変わらないが、天皇が成人したのちに政務を補佐する役職を関白という。藤原氏以外で関白になったのは、豊臣秀吉と養子の秀次のみ。

3 浄土へのあこがれ

地方では豪族の反乱が起きているらしい…。

都じゃ盗賊や放火が横行している。

疫病ははやるし、あ〜いやだいやだ…。

いいくらしをしているのは貴族ばかり。

わしら庶民は苦しいばかり。

ぼくは腹へってばかりだぁ〜。

なむあみだぶつ…。

念仏を唱えれば極楽浄土へ行けますぞ。

そろそろ仏教がおとろえ仏の救いがなくなり、世の中が乱れる「末法」の時代に入ります。

阿弥陀様におすがりして極楽浄土でくらしましょう。

なむあみだぶつ…。

重要

平安時代中ごろ、社会不安が高まると**浄土信仰**が広まった。

重要用語 　**末法思想**…仏教を開いたシャカの死去から2000年後に末法の世となり、仏の教えがすたれて乱世になるとした思想。日本では1052年から末法に入るとされた。

61　第2章　貴族のくらし

マメ知識

浄土信仰（浄土教）は、阿弥陀如来の住む極楽浄土に往生することを願う考え。末法思想と結びついて、平安時代中ごろからさかんになった。僧の空也や源信たちが人々に念仏を唱えれば往生できると説いて一般に広まり、

― なるほどね…。

― こうした浄土信仰は貴族たちにも広まり、あの世で幸せになれますように…、なむあみだぶつ…。

この世の極楽浄土を求めて阿弥陀堂を建て、阿弥陀仏を安置した。

― わしも阿弥陀堂を建てて阿弥陀仏を安置しよう。

藤原道長の子**頼通**は自分の別荘を**平等院**という寺にあらため、**鳳凰堂**を建てて阿弥陀仏を安置した。

入試に出る！

もっとくわしく

奥州藤原氏 ― 東北に栄えた独自の文化

奥州藤原氏は、十一世紀後半から十二世紀後半にかけて平泉（岩手県平泉町）を中心に栄えた豪族。東北の勢力争いに勝った藤原清衡を初代とし、領地内でとれる砂金をもとに巨万の富を築き、三代目の秀衡のときに全盛期をむかえた。平泉には中尊寺、毛越寺、平等院鳳凰堂をまねた無量光院などが建立され、京都の文化を吸収した独自の文化が花開いた。

←中尊寺金色堂の阿弥陀如来
（中尊寺蔵）

重要用語

平等院鳳凰堂…京都府宇治市にある平等院の阿弥陀堂。1053年に藤原頼通によって建立された。建物の形が鳳凰が翼を広げた形に似ていることから鳳凰堂の名がついた。

入試によく出る！ビジュアル図鑑 ①

平安時代の文化
国風文化が生まれた！

九世紀末に遣唐使が停止されると、中国の唐の文化の影響がしだいにうすれていった。かわって、日本の風土や日本人の感情に合った国風文化が貴族たちの間で生まれた。国風文化の特色は優美ではなやかなことで、藤原氏の摂関政治のころにもっとも栄えた。

●新しい仏教
九世紀初め、唐に留学していた最澄と空海が帰国し、最澄は天台宗を、空海は真言宗を広めた。

▼▶**貴族の衣服** 男性の正装（正式な服装）は束帯、女性の正装は女房装束（十二単）とよばれ、おもに絹地が用いられた。

▶束帯

▲十二単
（国立歴史民俗博物館蔵）

（京都文化博物館蔵）

▲平安京の貴族の住宅（復元模型） 貴族の住宅では、寝殿造という建築様式が取り入れられていた。

▲最澄
▼空海
（延暦寺蔵）

（高野山金剛峯寺蔵）

▲最澄が比叡山（滋賀県、京都府）に建てた延暦寺の根本中堂。

▶空海が高野山（和歌山県）に建てた金剛峯寺の根本大塔。

第2章　貴族のくらし

● 優雅な生活を楽しむ貴族

都の貴族はしばしば宴会をもよおし、歌をよんで遊び、楽器を演奏して楽しむなど、はなやかな生活を送っていた。

▲碁を打つ貴族　奈良時代に唐から伝えられたとされる碁が、貴族の間で広まった。
（徳川美術館蔵）

▲曲水の宴　宴会で、酒の入ったさかずきを小川に流し、それが自分の前に流れ着く前に詩歌をよんだ。

● 浄土へのあこがれ

阿弥陀仏を信じて、死後に極楽浄土に生まれかわることを願う浄土教（浄土の教え）が広まり、阿弥陀仏を置く阿弥陀堂が各地につくられた。

▲平等院鳳凰堂（京都府）　貴族の別荘を藤原頼通が寺にしたもので、豪華な阿弥陀堂がつくられた。

▲けまり　シカなどの皮でできたまりを、地面に落とさないように、けり続ける遊び。

かな文字の発達

平安時代には、漢字をくずした形からひらがなが、漢字のつくりやへんなどからカタカナがつくられた。これらのかな文字によって感情や考えを自由に表現できるようになり、紫式部の『源氏物語』や清少納言の『枕草子』などすぐれた文学作品が生まれた。

▲『源氏物語』　紫式部が書いた長編小説で、貴族のはなやかな生活がえがかれている。
（陽明文庫蔵）

要点整理と重要事項のまとめ②

① 聖徳太子の政治と大化の改新（飛鳥時代）

①聖徳太子の政治
- **政治改革**…593年，**推古天皇**の**摂政**になり，蘇我氏と結んで政治を進める。**冠位十二階**と**十七条の憲法**を制定。
- **中国との関係**…**小野妹子**らを**遣隋使**として派遣。

②大化の改新と律令政治
- **大化の改新**…645年，**中大兄皇子**らが蘇我氏をたおして政治改革。**公地公民**。
- **壬申の乱**…672年，天皇の位をめぐる争い。**天武天皇**が即位。
- **律令政治**…**大宝律令**の制定。

② 平城京と奈良の大仏（奈良時代）

①平城京と人々のくらし
- **平城京**…710年，唐の都**長安**にならってつくられた。
- **聖武天皇の政治**…仏教の力で国を治めるため，国ごとに**国分寺・国分尼寺**，都に**東大寺**を建てる。**大仏**の建立を命令。
- **遣唐使**…唐の制度や文化を学ぶために派遣。
- **公地公民のくずれ**…743年に**墾田永年私財法**が出される。

②奈良時代の文化
- **天平文化**…国際性に富む文化。**正倉院**の宝物，**唐招提寺**。
- **文学**…『**古事記**』『**日本書紀**』『**万葉集**』など。

③ 平安京と摂関政治（平安時代）

①桓武天皇の政治
- **平安京**…794年，**桓武天皇**が都を京都の**平安京**に移す。
- **新しい仏教**…**最澄**が**天台宗**，**空海**が**真言宗**を伝える。

②藤原氏の政治
- **摂関政治**…藤原氏は**摂政・関白**の地位を独占。**藤原道長・頼通**父子のときに全盛。
- **国風文化**…かな文字の発明。『**源氏物語**』（**紫式部**），『**枕草子**』（**清少納言**）など。

重要事項の一問一答 ②

① 聖徳太子の政治と大化の改新（飛鳥時代）

①聖徳太子が，能力のある役人を登用するために取り入れた制度を何といいますか。

②604年，聖徳太子が役人の心構えを示すために定めたきまりを何といいますか。

③672年，天皇の位をめぐって起こった戦いを何といいますか。

④701年，唐の律令にならって制定されたきまりを何といいますか。

② 平城京と奈良の大仏（奈良時代）

①平城京は，唐の何という都にならってつくられましたか。

②聖武天皇によってつくられ，大仏がおかれた寺院はどこですか。

③743年に出された，新しく開こんした土地の永久私有をみとめる法律を何といいますか。

④8世紀末ごろにまとめられた，わが国で最初の和歌集を何といいますか。

③ 平安京と摂関政治（平安時代）

①794年に都を平安京に移した天皇はだれですか。

②唐に留学し，帰国後，真言宗を伝えた人物はだれですか。

③摂関政治を行ったのは何氏ですか。

④『源氏物語』ではなやかな貴族のようすをえがいた人物はだれですか。

答え 　**1** ①冠位十二階（の制度）　②十七条の憲法　③壬申の乱　④大宝律令　**2** ①長安　②東大寺　③墾田永年私財法　④万葉集　**3** ①桓武天皇　②空海　③藤原氏　④紫式部

第3章 武士の政治の始まり

⑧ 武士の登場と平氏政権

院政が行われる一方、武士はしだいに力をつけ、ついに平氏が政権をにぎった。そのようすを見ていこう。

1 武士の登場と成長

ここは地方のある豪族の屋敷。

藤原氏は都でぜいたくにくらし、地方の政治をかえりみないので、

国から派遣された役人（国司）は勝手に重税をかけるし、盗賊はふえる一方だ。

自分の荘園を自分で守るために武芸にはげめ！

えっ？自分の荘園って…ここは藤原氏の荘園じゃないか。

おまえ勉強不足だぞ。そんなこっちゃ土地を守っていけんぞ。

参考 武士登場の背景…このころ地方政治が乱れて治安が悪化し、豪族間の勢力争いもはげしく、争いごとの解決に武力が必要になった。

第3章 武士の政治の始まり

マメ知識

奈良時代の聖武天皇のとき、新しく開こんした土地の永久私有がみとめられるようになり、力のある貴族や寺院、豪族たちはきそって新しい土地を開こんした。

新しく開こんした私有地、これが荘園だ。

しかし荘園には高い税がかかる。

ところが藤原氏のような有力な貴族の荘園には税がかからない。

それなら有力な貴族に土地を寄進してしまおう。

まぁ、表向きには藤原氏が管理してるのはわしらだ。

少しお礼をして名前を借りているようなもんじゃな。

有力貴族たちの荘園には、税を納めなくてもよい権利、役人の立ち入りを拒否する権利がみとめられていたため、藤原氏をはじめとする有力貴族たちへの荘園の寄進が集中した。寄進した者は荘園を管理する荘官となり、一定の年貢は納めるものの実質的に荘園を支配した。

もっとくわしく
武士たちの反乱
承平・天慶の乱

十世紀の中ごろ、下総（千葉・茨城県）を本拠に勢力をのばしていた平将門は、国府（国司の役所がおかれた場所）を占領し、関東地方の大半を支配して、新皇と称した。

同じころ、藤原純友が瀬戸内海の海賊を率いて国府や九州の大宰府をおそった。

この二つの乱を承平・天慶の乱といい、朝廷はどちらも地方武士の力を借りておさえた。これらの乱によって都の貴族は武士の実力を知り、武士が台頭するきっかけとなった。

↓平将門　（神田神社蔵）

参考
荘園のおこり…743年に墾田永年私財法が出され、開こんした土地を永久に私有することがみとめられた。これにより公地公民制がくずれ、多くの荘園が生まれた。

マメ知識

藤原氏が権力をふるう都をきらった皇族や貴族が地方に移り住んだ。とくに、桓武天皇の子孫である桓武平氏と、清和天皇の子孫である清和源氏が力をもち、武士団の棟梁（頭）になった。

だから多くの荘園が藤原氏に寄進されたのさ。

それで藤原氏はあんなぜいたくできるのか…。

藤原氏が地方政治に無関心なので自分の土地を守るために武装してきたえておくのだ。

こうして各地に**武士団**が結成された。

やがて地方に移り住んだ皇族の子孫を頭にし、大きな武士団へと成長していった。

そのなかでもとくに力をもったのは**源氏と平氏**だった。

重要

朝廷としても最近の武士の力をみとめないわけにはいかんなぁ。

地方役人の位をあたえたり都によびよせて朝廷や屋敷の警備をやらせましょう。

一〇五一年　源頼義

東北地方の安倍氏が国司に対して反乱を起こした。安倍氏を討ってまいれ。

源頼義・義家

父子は東国武士を率いて安倍氏を打ち破った。
（前九年の役）

参考

安倍氏…陸奥（東北地方）の豪族。東北地方の支配権をにぎっていたが、前九年の役で敗れ、ほろびた。

第3章　武士の政治の始まり

マメ知識

一〇八三年、前九年の役で源氏に協力した出羽の豪族清原氏一族の間で争いが起こった。
源義家は再び東国武士を率いて藤原（清原）清衡を助け、対立していた清原家衡を打ち破った。
（後三年の役）

一〇八六年白河天皇が位を息子にゆずったが……

位はゆずってもわしは上皇となって「院」（上皇の御所）で政治をとるぞ！

内裏に残っている藤原氏の力がおよばないようにこっちで政治を行うのじゃ！

院政の始まりじゃ。

重要

藤原氏や大寺院との衝突に備えて前九年の役や後三年の役で東国で勢力をのばした源氏、そして平氏などの有力な武士団に院の警備をさせよう。

出家した上皇である白河法皇は、院の御所の北面に警護の武士（北面の武士）をおき、平清盛の祖父・平正盛がその中心となった。正盛は法皇の信頼を得て出世し、平氏が栄えるきっかけをつくった。

もっとくわしく　院政

上皇の政治

院政は、位をゆずった天皇である上皇が実権をにぎって行った政治。一〇八六年から白河・鳥羽・後白河上皇と三代にわたって続き、政治の実権は藤原氏から上皇に移った。上皇の力が強くなると、上皇と天皇の対立がはげしくなり、保元の乱・平治の乱が起こった。
この朝廷の権力争いは、武士の力でしずめられ、その後、平清盛らの武士が権力をにぎった。

←白河上皇
（国立国会図書館蔵）

参考

藤原（清原）清衡（1056〜1128年）…奥州藤原氏の初代。後三年の役後、姓を藤原に改めて東北を支配した。平泉（岩手県）に本拠をおき、中尊寺金色堂を建立した。

2 平氏政権の誕生と全盛

白河上皇のあとをついで院政を行っていた鳥羽上皇が亡くなると崇徳上皇・後白河天皇の兄弟が対立し、

天皇家：崇徳上皇 ↔ 後白河天皇
藤原氏：藤原頼長 ↔ 藤原忠通
平氏：平忠正 ↔ 平清盛
源氏：源為義 ↔ 源義朝

その対立に藤原忠通と弟の頼長、源氏・平氏の親兄弟がからみ**保元の乱**を起こした。

この戦いは夜襲をかけた後白河天皇側の勝利だったが、

「見事な働きであった。平清盛を播磨守に、源義朝を左馬頭に任命する。」

「えっ！」

「わしのほうが活やくしたのに清盛のほうが高い位をもらうとは！わしも不満がいっぱいじゃ。」——義朝

「——藤原信頼」

藤原信頼・源義朝は勢力を争っていた平清盛に対して兵をあげ**平治の乱**を起こした。

重要用語
後白河天皇（1127〜92年）…平安時代末期の天皇。兄の崇徳上皇と対立して保元の乱を引き起こした。平氏や源氏をたくみにあやつって30年以上も院政を行った。

71 第3章 武士の政治の始まり

マメ知識

しかしこの戦いは**平清盛**が勝利し、藤原信頼は処刑され、源義朝はのがれる途中殺された。義朝の子どもたちは流罪となった。

これで源氏も立ち直れまい。上皇や貴族も平氏の力をいやというほど見たであろう。

これからは武士…いや平氏の時代じゃ！

いやはや清盛の出世の早いこと。

あっという間に藤原氏をおしのけて**太政大臣**まで登りつめたぞ。

わっはは…

太政大臣
内大臣
権大納言

入試に出る！

源義朝の子の頼朝は清盛にとらえられたが、清盛の義母が助命を願い出たため、命は助かって伊豆（静岡県）へ流罪となった。幼い三人の弟も命は助けられ、寺に預けられた。そのうちの一人が源義経で、のちに平氏打倒の兵をあげた頼朝のもとにかけつけ、ともに戦った。

もっとくわしく

はじめて政権をにぎった武士 平清盛（一一一八～八一年）

平清盛は、保元の乱で勝利し、平治の乱で源氏をたおした。清盛は武士としてはじめて太政大臣となったが、娘を天皇にとつがせて生まれた子を天皇に即位させるなど、権力をにぎる方法は貴族の藤原氏とあまり変わらなかった。

こうしたやり方に貴族や他の武士は反発し、平氏打倒の動きが活発になった。その最中に清盛は死去し、平氏一門は壇ノ浦の戦いで源氏にほろぼされた。

←平清盛（六波羅蜜寺蔵）

重要用語

源義朝（1123～60年）…平安末期の武将で鎌倉幕府を開いた源頼朝の父。平清盛と対立して1159年に平治の乱を起こしたが敗れ、東国へのがれる途中で殺された。

マメ知識

平清盛がつくった平氏政権は、はじめての武家政権であったが、その政策は武士独自のものではなく、貴族の政治を受けついだもので、朝廷の高位の役職を独占することで権力をにぎった。

しかも清盛は藤原氏をまねて皇室と婚姻関係を結びつながりも強めている。

```
後白河上皇 ─ 滋子 ─┐
                    ├─ 高倉天皇 ─┐
平清盛 ─ 時子 ──────┘            ├─ 安徳天皇
         │                        │
         └──── 徳子 ─────────────┘
              重盛
              その他
```

うむ…高倉天皇は清盛の妻の妹と後白河上皇との間にできた子だしその高倉天皇に娘の徳子をとつがせている。

こりゃ勢いが止まらんぞ。

【重要】

宋（中国）との貿易に力を入れて利益を得よう。

※一一六八年に出家した

日宋貿易の航海の安全を願って厳島神社を復興させよう。

もちろん平氏の氏神としてだが…。

高倉天皇の妃になっている徳子に皇子が生まれた。

お前を次の天皇にすれば平氏は安泰じゃ。

わがまま好き放題しおって清盛め！

今にみておれ…。

後白河法皇

【重要用語】

日宋貿易…宋と行った貿易。平清盛は大輪田泊（兵庫県の神戸港）を修築し、宋から銅銭（宋銭）・絹織物・香料などを輸入し、金・硫黄・刀剣などを輸出した。

第3章　武士の政治の始まり

> なにー！
> 後白河法皇が死んだ息子重盛と娘の盛子の土地を取り上げただと！

> 法皇の側近の官位を取り上げ平氏一門に分けあたえる！
> 法皇は鳥羽殿におしこめろ！

> どうじゃ孫は即位して安徳天皇じゃ。
> 一族はみな高位・高官につかせ、全国の半分以上、三十余国を支配し平氏全盛のときじゃ。
> 平氏でない者は人ではない…じゃ。

マメ知識

平氏の急速な出世に対して反感が強まり、一一七七年、後白河法皇とその側近らが京都の鹿ヶ谷で平氏打倒の密談をしていたことが発覚した。清盛は法皇の側近らを死罪や流罪にし、後白河法皇の罪は問わなかったが、法皇と清盛の対立は深まった。

もっとくわしく　平氏一門が信仰した　厳島神社

厳島神社は広島県廿日市市にある神社で、航海の守護神を祭っている。社殿は入り江に、鳥居は海中にあり、満潮時には海にうかんでいるように見える。平清盛があつく信仰したことで知られ、清盛の支援で現在の形となった。平氏がほろびたあとも、朝廷や幕府の保護を受けて栄え、現在は世界文化遺産にも登録されている。

↓厳島神社

重要用語

安徳天皇（1178〜85年）…平安時代末期の天皇で清盛の孫。平氏とともに西国に落ちのび、1185年の壇ノ浦（山口県）の戦いで、時子（清盛の妻）にだかれて入水した。

⑨ 鎌倉幕府の政治

平氏をほろぼした源頼朝は鎌倉幕府を開いたが、源氏の将軍は三代で終わり、北条氏が実権をにぎった。そのようすを見ていこう。

1 源平の合戦と鎌倉幕府の誕生

平氏のわがままにはもうがまんならん。源氏よたのむぞ！
…ということじゃ。
以仁王

このときを待っていた！

全国の源氏が平氏打倒に立ち上がった。
なかでもめざましい活やくをしたのは頼朝の弟の源義経だった。

一ノ谷（兵庫県）の戦いの奇襲で平氏を打ち破り、
うわぁ がけを下りてきた！

屋島（香川県）へと追い討ちをかけ、

参考 以仁王（1151〜80年）…後白河法皇の子。諸国に平氏打倒の命令を出した。挙兵する計画が平氏に発覚し、のがれる途中で戦死した。

第3章 武士の政治の始まり

入試に出る！

一一八五年、壇ノ浦（山口県）の戦いで平氏を滅亡させた。

しかし…、

「弟の義経め、源氏の棟梁であるわしをさしおいて法皇から勝手に位や役職を受けるとは…。」

「義経を討て！」

「むむ…しかたない。奥州へにげよう。」

マメ知識

一一八五年、源頼朝は逃亡した義経をとらえ、治安の維持をはかるということを口実に、国ごとに守護、諸国の荘園や公領に地頭をおくことを朝廷に要求し、みとめられた。これによって、頼朝の支配が各地におよぶようになった。

もっとくわしく

仲が悪くなった兄弟 頼朝と義経

源義経が頼朝をおこらせた理由は、義経が後白河法皇から頼朝に無断で位や役職を受けたことにあった。法皇は頼朝が「日本第一の大天狗」と評したほどの策略家で、頼朝は法皇が義経を優遇する目的は、兄弟を対立させて源氏をほろぼすことだと見ぬいていた。戦いのかけ引きが得意ではなかった義経は、逃亡先の奥州で自害に追いこまれてしまった。

←源義経（中尊寺蔵）

重要用語

壇ノ浦の戦い…1185年に行われた源平最後の戦い。源義経を総大将とした源氏が平氏を圧倒し、安徳天皇も入水（海に身を投げる）して平氏一門はほろんだ。

マメ知識

源義経には、じつは生きていて、大陸にわたってモンゴル帝国を建国したチンギス＝ハンとなった、のちに中国を統一する清朝の祖先となった、などさまざまな伝説が残っている。

義経をかくまっていると頼朝に攻められる…。

それより義経をたおしほうびをもらったほうがいいな。

奥州藤原氏

むねん…

義経は奥州藤原氏の裏切りにあい討たれた。

戦上手の義経のいない藤原氏などものの数ではないわ！

頼朝は奥州藤原氏をたおし全国に力をのばした。

自分が政権をとるために源氏と平氏を利用しただけの後白河法皇も死んだし、わしは望み通り**征夷大将軍**になれた。

これからは武士のための政治をするのだ。

わしのつくった幕府のしくみは…。

参考 **奥州藤原氏の裏切り**…奥州藤原氏の4代目泰衡は、源頼朝の要求にたえきれず、源義経を守れという父の秀衡の遺言にそむいて義経を攻めほろぼした。

第3章 武士の政治の始まり

マメ知識

まず鎌倉に政治を行う「政所」、武士の監督をする「侍所」、裁判を行う「問注所」をおく。

そして全国に幕府の役人、守護・地頭をおく。

守護は軍事や警察の仕事をするのだ。

地頭は土地の管理、年貢の取り立て役だ。

重要

入試に出る！

将軍のわしに仕える武士を御家人とよぶ。御家人は将軍に忠誠心をもって仕える。

将軍は御家人の領地を保証し合戦で手がらなどがあればほうびとして土地をくださる。

…とまぁこういうしくみだ。

御家人は奉公として、戦いのとき将軍のために命をかけて戦う、京都大番役（京都で御所や市内の警備にあたる）、幕府や社寺の修繕費や儀式の費用負担などを行った。このように土地を仲立ちにして、主人と家来が御恩と奉公の関係で結ばれたしくみを封建制度という。

もっとくわしく
鎌倉幕府がおかれた 鎌倉の地の利

頼朝が幕府をおいた鎌倉（神奈川県）は東海道に面し、交通上重要な土地だった。また、三方が山に囲まれ、一方が海という地形は敵の侵入を防ぎやすく、鎌倉へ入る道は切通しだけだった。切通しは鎌倉を囲む山を細く切り開いたせまい山道で、敵が大軍で押しよせてもいっせいに通ることができない。さらに、その近くには家臣の屋敷をおいて守らせた。

←空から見た鎌倉

重要用語

御家人…将軍の家来となった武士。将軍から領地の支配をみとめてもらう、新しい土地をもらうなどの御恩を受け、御家人は将軍のために一切をささげて奉公した。

2 執権政治と承久の乱

一一九九年源頼朝が死ぬと子の頼家が将軍となったが、

実際は…。

母親で頼朝公の妻のわたしと、
北条政子

政子の父のわしが政治の実権をにぎっているのじゃ。
北条時政

わしらは競争相手の御家人たちを次々とけおとし勢力を強めたんじゃ。

梶原
比企

いうことを聞かん頼家は追放して弟の実朝を将軍にする！

く…くそっ！

しかし実朝は頼家の子公暁に殺され、その公暁も暗殺された。頼朝の子孫はとだえ、源氏の将軍はわずか三代で絶えてしまった。

源氏の将軍の絶えたあとは京都から藤原頼経を名前だけの将軍にむかえ、

わしが**執権**として政治を行う。**執権政治**の確立じゃ。
北条義時

重要

重要用語
執権…もとは将軍を補佐して政治を行う政所の長官のことだったが、北条義時が政所・侍所の長をかねて幕府の実権をにぎり、将軍にかわって政治を行うようになった。

第3章 武士の政治の始まり

マメ知識

北条義時のあとをついで執権となった泰時は、頼朝以来の先例にもとづいて、御家人の権利や義務、領地の相続などが定めてあり、のちの武家法の手本となった。これは五十一か条からなり、1232年、最初の武士の法律である御成敗式目を制定した。

――――

上皇（後鳥羽）：全国の反鎌倉の者たちよ、立ち上がれ！源氏の将軍が絶えたのだから政権を朝廷に取りもどすのじゃ。

北条政子：後鳥羽上皇が兵をあげましたが、朝廷だからといっておそれることはありません。今こそ亡き頼朝公の**御恩**にむくいるときです。武士の土地を守るために戦いましょう。

おおーっ!!

【重要】

オレたち御家人の団結は固いんだ！

京都に攻め上った幕府軍は朝廷の軍をたちまち打ち破った。

一二二一年の**承久の乱**の勝利で幕府の力はさらに全国におよんだ。

【入試に出る！】

――――

もっとくわしく

北条政子（一一五七〜一二二五年）

＊尼将軍といわれた

政子は源頼朝の妻で、頼朝の死後に出家し、幕府の実権をにぎった。源氏の将軍がとだえると、四代将軍として京都から幼い藤原頼経をむかえ、その後見人となって尼将軍とよばれた。一二二一年の承久の乱で後鳥羽上皇が幕府打倒の兵をあげたときには、御家人たちに頼朝の御恩を説く演説を行って団結をうったえ、幕府を勝利に導いた。

←北条政子（安養院蔵）

――――

重要用語

後鳥羽上皇（1180〜1239年）…幕府に対抗して承久の乱を起こしたが、敗れて隠岐（島根県）に流された。すぐれた歌人でもあり『新古今和歌集』を編集させた。

3 武士と農民のくらし

ある武士の屋敷

「ここのところ戦がないので落ちついて畑仕事ができるな。」

「ええーっ？武士なのにそんなことするの？」

「ははは…もともと武士は自分たちの命や土地を守るために武器を持ったものだぞ。ふだんはこうして田畑で働くのさ。」

「もちろん作人など農業専門で武器を持たない者もおるがね。」

「わしはこの辺の地主で武士だから、戦に備えたつくりの屋敷に住んでいるんだ。」

「敵に攻められた場合の用心にまわりには塀をつくり堀をめぐらせてある。」

参考 **武士の社会**…武士はその領地に戦いに備えた館を設け、地頭や荘官の仕事をした。一族は統率者である惣領のもとに団結し、戦いも惣領が一族を率いて行った。

第3章 武士の政治の始まり

マメ知識
鎌倉時代には武士の気風を反映して、素ぼくで力強い文化が栄えた。代表的なものには、建築では東大寺南大門、彫刻では東大寺金剛力士像、絵画では（伝）源頼朝像などがある（九〇ページ参照）。

屋敷内に家来や作人の住まいや馬小屋もあるぞ。

田畑の仕事以外にもちろん武芸もみがいている。

笠がけ

自分の領地を守るためやこの領地を保証して守ってくれている鎌倉幕府の将軍に仕えるためだぞ。何かあったときは…、

いざ鎌倉！と出陣するためにな。

いばっているだけじゃないんだね、鎌倉時代の武士は。

もっとくわしく　将軍への忠誠　いざ鎌倉

将軍と主従関係を結んだ御家人は、領地を保証するなどの御恩を受けるかわりに将軍に忠誠をつくした。幕府に何か起こった場合には、「いざ鎌倉」と鎌倉街道（左地図）を通って鎌倉の将軍のもとにかけつけることが求められた。
武士は戦場で将軍のために命をおしまず戦うために、ふだんから武芸をみがき、戦いに備えて訓練をおこたらなかった。

上野／下野／常陸／武蔵／下総／甲斐／相模／上総／駿河／鎌倉／安房／伊豆

参考　武士と武芸…武士は幼いころから、馬に乗って放した犬を弓で射る犬追物や、馬に乗ったまま的や笠を弓で射る笠がけなどで武芸の腕をみがいた。

⑩ 元寇と鎌倉幕府の滅亡

元軍が二度にわたって日本に攻めてきた元寇と、後醍醐天皇の倒幕運動によってほろんだ鎌倉幕府のようすを見ていこう。

1 元の襲来と動揺する鎌倉幕府

鎌倉幕府が開かれたころ、アジアではチンギス＝ハンが**モンゴル帝国**をたて、五代皇帝**フビライ＝ハン**のときにはアジアからヨーロッパにまたがる大帝国となっていた。

「日本も属国にしよう。」

モンゴル(元)の使者が日本に来て元に従うように要求したが、幕府はことわった。

「小国のくせに生意気だ攻めおとせー！」

一二七四年十月

元と高麗を合わせた二万数千の大軍が九州の対馬・壱岐をおそい、博多湾へ攻めこんできた。（**文永の役**）

「うわぁ名乗りもなく攻めてくるぞ。」

「毒矢に**火薬兵器**…見たこともない武器だ。」

重要

重要用語 **チンギス＝ハン**(1162?〜1227年)…モンゴル帝国の建国者。13世紀初めに部族を統一し、積極的に対外征服を進めて帝国の基礎を確立した。

第3章 武士の政治の始まり

マメ知識

一騎打ちの戦法をとる日本軍は、新兵器と**集団戦法**をとる元軍に大苦戦した。しかしその晩、突然の暴風雨がふきあれた。

やったー！元軍がくだけ散っておる。

神風がふいたのだ。

一二八一年、元軍は十四万の兵と四千四百の軍船で再び攻めてきた。（**弘安の役**）

しかし元軍は上陸できぬうちに、またしても暴風雨におそわれた。

文永の役後、幕府は再び元軍がおそってくることに備え、博多湾の沿岸に高さ約二・五メートルの石塁を約二十キロメートルにわたって築いた。弘安の役では、この石塁が元軍の上陸をはばんだ。元軍は、海上にとどまるうちに暴風雨におそわれて大打撃を受けた。

もっとくわしく

元軍をしりぞけた 北条時宗（一二五一〜八四年）

元の皇帝フビライ＝ハンは、数回にわたって日本に服属を要求する使者を送った。当時十八才の八代執権北条時宗は、この要求を無視する一方、元軍襲来に備えさせた。

文永の役で元軍をしりぞけた時宗は、再度使者を送ってきたフビライに屈せず、使者を切り捨て、弘安の役で元軍を撃退した。二度の元軍の襲来をまとめて元寇という。

←北条時宗（熊本満願寺蔵）

参考 **火薬兵器**…元軍が使った火薬の武器（てつはう）は鉄の玉に火薬をつめて爆発させるもの。日本軍は大きな音と光におどろき、苦戦した。

マメ知識

元寇のとき朝廷は、勝利を願って寺や神社に祈願をさせた。偶然にも元軍との戦いは二度とも暴風雨がふきあれ、元軍は大打撃を受けた。この暴風雨は神風とよばれ、日本は神が守る国だという神国思想が生まれた。

勝ったぞ！またも神風がふいた！

わしらがいのったから神風がふいたのじゃ。幕府にほうびをもらおう。

わしらが念じたからじゃ。

ばかもん！戦ったのはわしら西国の武士じゃ。

ほうびを―！

こ…困ったな。戦に勝ったといっても敵の土地を取ったわけじゃない。

幕府にはほうびにやる土地がない。

えー！恩賞が出ないって？

戦に費用がかかったが恩賞がもらえずド貧乏になったよ～。

参考　恩賞の不足…元軍と戦った九州の御家人竹崎季長は、恩賞が出なかったため、旅費をつくって鎌倉へ向かい、恩賞奉行に直接うったえ、馬と地頭職をもらった。

第3章 武士の政治の始まり

マメ知識
鎌倉時代の武士の相続は、親の土地を兄弟姉妹が等しく分ける分割相続であったため、兄弟姉妹の人数分だけ土地が分けられ、一人分の領地は小さくなっていった。そこへ元寇の戦費も重なり、御家人の生活はさらに苦しくなった。

（コマ1）もう武士には金を貸さんぞ。

（コマ2）苦しんだ御家人の中には高利貸しから借金をする者もふえたという…。

（コマ3）そうだ！御家人が借金を返さなくてもよいという「徳政令」を出そう！／げげー！それではわしらは丸損ではないか！／高利貸し／徳政令

（コマ4）恩賞は出ない。金は借りられない。武士のことを考えているのか！なまくら幕府め！
経済は乱れ、鎌倉幕府に対する**御家人の不満が高まっていった。** 【重要】

もっとくわしく　徳政令

御家人の救済

徳政令は借金を帳消しにする命令で、鎌倉幕府が一二九七年に出した永仁の徳政令が有名。元寇の戦費や分割相続などで生活が苦しくなり、領地を質入れした御家人を救済するために出されたもの。御家人の土地の売却・質入れの禁止、売ってから二十年すぎていない土地をただで返させる、御家人の関係するお金の貸し借りのうったえを受けつけない、などを決めた。

↓永仁の徳政令　この資料から法令の内容を知ることができる。
（京都府立総合資料館蔵）

参考　徳政令の混乱…御家人は一時的に救われたが、経済は混乱し、御家人へお金を貸す者がいなくなった。徳政令の一部は翌年に廃止された。

2 倒幕の動きと鎌倉幕府の滅亡

鎌倉幕府は信用を失っている。政権を朝廷に取りもどすチャンスだ！

後醍醐天皇

なに！天皇が倒幕の計画を立てているだと！

北条高時

後醍醐天皇は隠岐（島根県）へ流された。

二度も計画がバレて失敗したが、まだあきらめんぞ。

諸国の武士たちに密書を送りまくってやる。

よーし脱出に成功したぞ。

その後隠岐を脱出した後醍醐天皇は、伯耆（鳥取県）で兵をあげた。

天皇に従い鎌倉幕府をたおすのだ！

おー！

楠木正成

参考 北条高時（1303～33年）…鎌倉幕府14代執権。実権は側近がにぎり、政治が乱れた。のち、新田義貞に鎌倉を攻められて一族とともにほろびた。

87　第3章　武士の政治の始まり

（コマ1）
尊氏、天皇が幕府をたおそうとしておる。伯耆へ向かえ！
はっ！
足利尊氏

（コマ2）
しかし…幕府はもう落ち目だ…。
幕府のために戦うことが武士のためになるとは思えん…。

（コマ3）
尊氏様　後醍醐天皇より密書が届きました。
幕府をたおせとな…。

（コマ4）
われらの敵は朝廷ではない
幕府…北条氏である！
おお！

マメ知識
後醍醐天皇は二度倒幕を計画した。一回目の倒幕計画は失敗して参加した公家らが流罪となったが、天皇はとくにはとがめられなかった。しかし、二回目の計画失敗では天皇もとらえられ、隠岐（島根県）へ流された。

もっとくわしく
後醍醐天皇の倒幕計画にこたえた　足利尊氏・新田義貞

後醍醐天皇のよびかけにこたえた鎌倉幕府打倒の鎌倉幕府の有力御家人に足利尊氏と新田義貞がいる。二人は鎌倉幕府をたおして、後醍醐天皇の政権を実現させた功労者であった。
しかし、数年後、尊氏は建武の新政に不満をもつ武士らにおされて天皇に反旗をひるがえすことになり、義貞は天皇側の武将として数度にわたって尊氏と戦い、戦死した。

←新田義貞

重要用語
楠木正成（？〜1336年）…河内（大阪府）の豪族。後醍醐天皇のよびかけに応じて兵をあげた。戦上手で幕府軍を苦戦させたが、のちに足利尊氏と戦って敗死した。

マメ知識

足利尊氏の名は、もとは「高氏」であったが、京都を取りもどした功績をたたえた後醍醐天皇が、天皇の名「尊治」から「尊」の一字をあたえたため、「尊氏」となった。

尊氏は京都の六波羅探題（京都におかれた幕府の拠点）をおそい、一気に攻め落とした。

そのころ上野（群馬県）では新田義貞が天皇に味方し兵をあげた。

おおー！

これより鎌倉に向かい幕府をたおす！

しかし鎌倉は前は海で三方を山で囲まれた自然の要害。

山ごえの街道はせまく幕府軍の抵抗で突破できません。

残るは海か…。

この断崖では兵馬は通れません。

みなのもの天は必ずわれらに味方する。

これを見よ！

ボチャン

重要用語
六波羅探題…鎌倉幕府が1221年の承久の乱後に京都においた役所。京都の警備や朝廷の監視、西国の御家人の監督を行った。

第3章　武士の政治の始まり

マメ知識
新田義貞の鎌倉攻めで追いつめられた十四代執権北条高時ら北条氏の一族や家来は、北条氏の菩提寺である東勝寺にこもり、寺に火を放って数百人が自害し、北条氏はほろびた。

おおっ！潮が引いていくぞ！

われらには天がついている。それ鎌倉へ！

じつは前もって潮の満ち引きを調べておいたんだもんね。みなこれでふるいたっただろう。

うわぁー！新田軍が海から攻めてきた！

思いがけない方向から攻められた幕府軍は防戦もままならず敗れさった。

一三三三年、北条氏はほろび、**鎌倉幕府は滅亡**した。

【重要】

←悪党
（真正極楽寺蔵）

もっとくわしく
悪党の出現
元寇や分割相続などで、御家人の生活が苦しくなり、幕府の支配がゆきづまると、近畿地方を中心に、地頭や荘園領主に従わず、武力で反抗する新興の武士が現れた。彼らは幕府や荘園領主から悪党とよばれた。その動きはしだいに各地に広がっていき、幕府打倒に活やくした楠木正成のような者も現れた。

重要用語　**新田義貞**（1301〜38年）…上野（群馬県）で幕府打倒の兵をあげ、鎌倉を攻めて北条氏をほろぼした。建武の新政では、京都の警備にあたる武者所の長官となった。

入試によく出る！ビジュアル図鑑 ②

鎌倉時代の文化
武士の力強さを表現した

鎌倉時代には、当時力をのばした武士の気風を反映して、素ぼくで力強い文化が発達した。また、この時代には宋や元（中国）の文化が伝えられて建築などに影響をもたらしたほか、新しい仏教が次々におこって、武士や庶民の間で急速に広まった。

建築

▲**東大寺南大門（奈良県）** 鎌倉時代を代表する建築物。雄大で変化に富む大仏様（天竺様）という建築様式が取り入れられている。
（東大寺）

絵画

◀**源頼朝像と伝えられる似絵** 鎌倉時代には、似絵とよばれる写実的な肖像画が発達した。
（神護寺蔵）

彫刻

▲**金剛力士像** 運慶・快慶らによる彫刻で、東大寺南大門の左右に1体ずつ置かれている。
（東大寺蔵）

◀**天灯鬼像** 康弁らによる彫刻で、力強さとともにユーモアを感じさせる。
（興福寺蔵）

第3章 武士の政治の始まり

▲法然(1133〜1212年)
(二尊院蔵)

▲念仏を説く法然 法然は浄土宗を開き、阿弥陀仏を信じてひたすら念仏(南無阿弥陀仏)を唱えれば、だれでも極楽浄土に往生できると説いた。(当麻寺蔵)

▲栄西(1141〜1215年)
宋に留学し、禅宗の宗派の1つである臨済宗を日本に伝えた。
(建仁寺蔵)

▲親鸞(1173〜1262年)
法然の弟子で、浄土宗をさらに発展させ浄土真宗(一向宗)を広めた。(西本願寺蔵)

▲日蓮(1222〜1282年)
法華経の題目(南無妙法蓮華経)を唱えれば成仏できるとする日蓮宗(法華宗)を開いた。(本門寺蔵)

● 新しい仏教が次々と

鎌倉時代には、きびしい修行を積まなくても、念仏を唱えればだれもが成仏できるとする新しい仏教の宗派がおこり、武士や庶民の間に広まった。いっぽう、中国の宋からは座禅を組んで悟りを開く禅宗が伝えられ、おもに上流の武士や貴族の間で信仰された。

琵琶法師が語る『平家物語』

『平家物語』は平氏の繁栄と滅亡のようすをえがいた軍記物。琵琶法師が琵琶の音に合わせ、節をつけて語り伝え、文字を読めない庶民にも広く親しまれた。

▲琵琶法師の語りを聞く武士たち 琵琶法師は人の集まるところに行き、琵琶の弾き語りをした。(西本願寺蔵)

要点整理と重要事項のまとめ③

① 武士の登場と平氏政権（平安時代）

①武士の登場と成長
- ●武士の登場…源氏・平氏などを棟梁に大武士団を形成。

②院政と平氏政権
- ●院政…1086年に白河天皇が上皇となって院政を開始。貴族らが荘園を上皇に寄進。
- ●平氏の進出…保元の乱、平治の乱を経て勢力をのばす。
- ●平清盛…武士としてはじめて太政大臣に。日宋貿易で富をたくわえる。

② 鎌倉幕府の政治（鎌倉時代）

①源平の合戦と鎌倉幕府の誕生
- ●源平の戦い…源頼朝が兵をあげ、壇ノ浦の戦いで平氏をほろぼす。
- ●鎌倉幕府…国ごとに守護、荘園などに地頭を設置。将軍と御家人は御恩と奉公の関係。1192年、頼朝は征夷大将軍に。

②執権政治と承久の乱
- ●執権政治…源氏の将軍がとだえ、北条氏が実権をにぎる。
- ●承久の乱…後鳥羽上皇が兵をあげたが失敗。

③武士のくらし
- ●質素な生活…農業のかたわら武芸にはげむ。

③ 元寇と鎌倉幕府の滅亡（鎌倉時代）

①元の襲来
- ●モンゴル帝国と元…フビライ＝ハンが中国を支配して元とする。宋をほろぼす。
- ●元寇…元が属国となるよう求めるが北条時宗が拒否。元軍が2度九州北部に攻めよせる。

②鎌倉幕府の動揺
- ●幕府の衰退…元寇後、幕府の財政は悪化。御家人の生活を救うために徳政令を出す。
- ●幕府の滅亡…後醍醐天皇が倒幕を計画。足利尊氏、新田義貞らが幕府をほろぼす。

重要事項の一問一答 ③

① 武士の登場と平氏政権（平安時代）

①大武士団の棟梁として多くの武士を従えたのは平氏と，あと1つは何氏ですか。

②上皇の御所で行われる政治を何といいますか。

③武士としてはじめて太政大臣になった人物はだれですか。

④③の人物が進めた中国との貿易は何とよばれますか。

② 鎌倉幕府の政治（鎌倉時代）

①鎌倉幕府を開いた人物で，1192年に征夷大将軍に任じられたのはだれですか。

②鎌倉幕府のもとで，国ごとにおかれた役職を何といいますか。

③鎌倉幕府のもとで，荘園や公領におかれた役職を何といいますか。

④北条氏が代々独占していた鎌倉幕府の役職を何といいますか。

⑤1221年，後鳥羽上皇が挙兵して始まった戦いを何といいますか。

③ 元寇と鎌倉幕府の滅亡（鎌倉時代）

①モンゴル帝国の一部を支配し，国号を元と改め，宋をほろぼした人物はだれですか。

②2度にわたる元軍の襲来をまとめて何といいますか。

③鎌倉幕府をたおすため，各地の武士に挙兵するようよびかけた天皇はだれですか。

答え 1 ①源氏 ②院政 ③平清盛 ④日宋貿易 2 ①源頼朝 ②守護 ③地頭 ④執権 ⑤承久の乱 3 ①フビライ＝ハン ②元寇 ③後醍醐天皇

第4章 混乱する武士の政権

⑪ 建武の新政と室町幕府

後醍醐天皇の建武の新政は二年余りでくずれ、足利尊氏が室町幕府を開いて政治をとった。そのようすを見ていこう。

1 建武の新政と南北朝の争い

後醍醐天皇：「鎌倉幕府もほろんだわい。念願だった天皇中心の政治を行うぞ。一三三四年、年号を建武と改めたので新しい政治を**建武の新政**という。」

重要

しかし…、
「公家と武士をまとめてわしが政治を行う。役人は公家中心にして武士は重要な地位にはつけないでおこう。」

「わしら公家は大出世じゃ。」
「不公平だ！幕府をたおしたのはわしら武士なのに、公家ばかり優遇している。」
「わしなんか恩賞ももらえない。」

参考　天皇中心の政治…後醍醐天皇は院政をやめ、摂政・関白をおかずに天皇が自ら政治を行う天皇親政による建武の新政を開始した。

第4章 混乱する武士の政権

マメ知識
後醍醐天皇に対する武士の不満には、不公平な恩賞のほかにも、武士社会の慣習を無視したり、御所の大内裏の再建を計画してその費用を諸国の地頭に負担させたことなどがあった。

コマ1:
- これじゃなんのために幕府をたおしたのかわからん。
- もとの武家政治のほうがマシではないか!

コマ2:
- 足利尊氏様
- 武家政治の復活を!
- どうかお願いします。

コマ3:
- 足利氏は清和源氏の流れをくむ武士の棟梁にふさわしい家系。
- わしは多くの武士の期待にこたえねばならん。

コマ4:
- 武士のために立ち上がるぞ。
- 座ってますが…

もっとくわしく　後醍醐天皇の政治
建武の新政

後醍醐天皇は、平安時代初期の醍醐天皇が行った天皇親政を理想としてかかげ、天皇に権限を集中した独裁体制を築こうとした。
しかし、公家を重んじて武士を軽くあつかった政策はさまざまな混乱をまねいた。このため、武家政治の復活を望む武士におされた足利尊氏が天皇にそむき、建武の新政はわずか二年余りでくずれた。

← 後醍醐天皇　（大徳寺蔵）

重要用語
足利尊氏（1305〜58年）…室町幕府の初代将軍。鎌倉幕府をたおしたが、建武の新政に失望し、室町幕府をつくって武家政治を復活させた。

マメ知識

一三三四年、京都の二条河原に「このごろ都にはやるもの。夜討ち・強盗・にせ綸旨（にせの天皇の命令書）・召人（囚人）・早馬・からさわぎ…」と建武の新政の混乱ぶりを風刺した落書きが張り出された。

一三三五年、足利尊氏は反朝廷の武士を集めて京都へ攻め入ったが、

失敗か…九州へのがれよう。

西国には味方がたくさんいる。兵を集めて立て直しだ。

募集

光厳上皇からの院宣も届いた。

よしっ再び京都へ攻め入るぞ！

われわれは朝敵ではないぞ！

後醍醐天皇方の新田義貞、楠木正成をたおせ！

一三三六年足利尊氏は天皇の軍を破った。

勝ったぞ！

参考 **上皇の院宣**…尊氏は後醍醐天皇と対立する光厳上皇から、新田義貞を討てという院宣（院の命令書）をもらうことで朝敵（朝廷の敵）でないことを示し、味方をふやした。

第4章　混乱する武士の政権

マメ知識

「建武の新政はたった二年で失敗か…。吉野で再起じゃ。」

「武士をしんせいていねいにあつかわなかったのがいけなかったですね。」

「それをいうなら『親切』だろ！」

「わしにはまだ味方の武士もいるんじゃ。」

「ここ吉野（奈良県）で朝廷を立て直すぞ！」

鎌倉幕府十四代執権の北条高時の子、時行は幕府再興をめざして兵をあげ、鎌倉を占領した。尊氏はこの乱をしずめるために鎌倉に向かい、乱の鎮圧後、天皇から京都へもどるよう命じられたが、そのままとどまって天皇にそむいた。

もっとくわしく　楠木正成の最期　湊川の戦い

一三三六年、後醍醐天皇方の武将楠木正成と新田義貞は、九州から京都に向けて進軍してきた足利尊氏軍を摂津（兵庫県）湊川でむかえ討った。しかし、軍勢の少ない楠木軍は、敵の大軍の前に敗れ、力つきた正成は弟や、戦いに従っていた一族とともに自害し、新田義貞は敗走した。勝利した尊氏軍は京都に入り、北朝の光明天皇を即位させた。

↓湊川神社（兵庫県神戸市）　古戦場跡にあり、楠木正成をまつっている。

参考　吉野への脱出…尊氏は比叡山に避難していた後醍醐天皇を京都の屋敷におしこめ、光明天皇に位をゆずらせた。後醍醐天皇は、京都を脱出して吉野へのがれた。

2 室町幕府の誕生と幕府の政治

尊氏は京都で光明天皇をたて、一三三八年征夷大将軍に任じられた。

京都に新しい幕府を開くぞ！

室町幕府の誕生だ！

再び武家政治が始まったな。

よかったよかった。

そんなあまいもんじゃないわい。

京都の天皇などみとめんぞ。

わしがまだ正式な天皇でこの吉野が朝廷じゃ。

何をいうか！光明天皇が正式な天皇だ！

こうして吉野の南朝、京都の北朝と二つの朝廷ができ、南北朝の対立が始まった。

北朝　南朝

参考　**光明天皇**（1321〜80年）…光厳上皇の弟で、足利尊氏の支援を受けて即位した北朝の天皇。尊氏を征夷大将軍に任命した。

第4章 混乱する武士の政権

全国の武士も南朝方と北朝方の二つに分かれ、その後約六十年にわたって争った。

入試に出る! この内乱の時代を**南北朝時代**という。

鎌倉幕府のよいところを見習い、政治のしくみを整えるぞ。

南朝に勝つためにも足もとをしっかりと固めねば…。

建武式目で十七か条の政治の方針を打ち出したぞ。

倹約をして身をつつしむこと…。

京都の空き地を元の持ち主に返すこと…。

土地を返してくれるってさ。よかったな〜。

マメ知識

足利尊氏は後醍醐天皇の死後、天皇の冥福をいのり、京都に天竜寺を建立した。尊氏は寺院の造営費を得るために、元(中国)に天竜寺船を派遣して貿易を行い、その費用をまかなった。

もっとくわしく
南北朝の争いで再燃した 天皇家の争い

天皇家が南朝と北朝に分かれた背景には、もともと十三世紀中ごろから、天皇家が二つの系統に分かれて次の皇位を争った対立があった。この対立は、両者が交互に皇位につくことでいったんはおさまっていたが、南朝と北朝の対立で天皇家の二つの系統の対立が再び起こり、武士もまきこんではげしい争いに発展した。

```
          ┌北朝┐
          ③ ①
          崇光─光厳─後伏見─⑨後深草
          ⑥ ⑤ ④ ②          ⑧⑨
        ⑩⑩ 後 後 光      伏見 花園  後嵯峨
        称後円光明       ⑨
        光小融厳         後二条─⑨亀山
          松              ⑨後宇多
          ┌南朝┐
          ⑩⑨ ⑨⑨
          長後後醍醐
          慶村醐
             上
          ⑨⑨
          ─後亀山

   南北朝の統一(1392年)

   数字は即位順
   ①〜⑥は北朝
```

参考

建武式目…1336年に足利尊氏が定めた17か条の政治方針。武家政治再開の宣言のようなもので、具体的な法令としては鎌倉時代に定められた御成敗式目が用いられた。

マメ知識

室町幕府では、尊氏の弟の直義と、尊氏の側近の高師直が対立して戦い、さらに直義と尊氏が戦うなど、政権内部で争いが絶えなかった。これに乗じて南朝が勢いをもり返し、南北朝の争乱はさらにはげしくなった。

これが室町幕府のしくみじゃ。

重要

```
           将軍
    ┌───────┼───────┐
   地方    鎌倉   (京都) 管領
    │      │       ┌────┬────┬────┐
   守護   鎌倉府   問注所 政所 侍所
    │   (関東八か国ほか (記録の保管) (幕府の財政) (軍事・警察)
   地頭   二か国を治める)
```

さらに武士の力を強めるために守護の権限を強くしよう。

権限

荘園の年貢の半分をもらえる権利もあるぞ。

軍事 警察

南北朝の争いも続いておる。手がらを立てれば領地がふえる。

領地を拡大して領内の地頭や地侍を家来に従えて…っと。

重要用語

管領…将軍を補佐して室町幕府の政務のすべてをみる役職で、鎌倉幕府の執権にあたる。足利氏一族の有力守護である細川・斯波・畠山の三氏から任命された。

第4章　混乱する武士の政権

マメ知識

南北朝の争いは各地でくり広げられ、勝ったり負けたりをくり返していたが、後醍醐天皇は、皇子らを各地に派遣して味方の武士をふやすよう努めたが、南朝の有力武将の北畠顕家・新田義貞らが戦死して勢力がおとろえた。

南北朝の争いの中で守護はどんどん力をのばし、その国の領主のようになった。

重要　わしらのことを**守護大名**というんだ。

一三四八年北朝軍は吉野を攻め、後醍醐天皇のあとをついでいた後村上天皇は賀名生（奈良県）にのがれて南朝はしだいにおとろえていった。

もっとくわしく

守護から守護大名へ
守護大名の誕生

室町時代の守護は権限が拡大し、領地の地頭や武士を従えて国全体を支配する領主となった。このような守護を鎌倉時代と区別し、守護大名とよぶ。なかには数か国を支配する者も現れ、代々の将軍は有力な守護大名をおさえることに苦心した。三代将軍足利義満は有力な守護大名を次々とたおしたが、その後の将軍は守護大名におされて力が弱まった。

● 各地のおもな守護大名（1360年ごろ）
- 足利氏一門
- 三管領家
- 鎌倉府が治めた領域

小笠原、上杉、斯波、佐竹、山名、畠山、大内、赤松、京都、細川、畠山、武田、今川、土岐、大友、島津

参考　鎌倉府…東国支配のために鎌倉におかれた機関。尊氏の子とその子孫が鎌倉公方（長官）についた。しだいに行政・軍事上で独立し、京都の幕府と対立するようになった。

12 足利義満と東アジアの動き

室町幕府は三代将軍足利義満の時代にもっとも栄えた。二つの朝廷は一つになり、明との勘合貿易も始まった。そのようすを見ていこう。

1 足利義満の登場と金閣の造営

二代将軍足利義詮が病死したため、一三六八年、**足利義満**が三代将軍となった。

「ぼくまだ小さいけど、わたしがついております。」
管領 細川頼之

一三七八年、義満は京都の**室町**に「花の御所」とよばれる屋敷を建てた。

「みごとじゃ。ここに幕府を移して政治を行おう。」
「室町の幕府『**室町幕府**』ですな。」

重要

「幕府の足もとを固めるには南北朝の問題を解決せねば…。」
「なんとか南朝側を説得して合体させてしまおう。」
「はっ！」

参考 **細川頼之**（1329～92年）…有力な守護大名。2代将軍足利義詮の遺言で管領となり、幼い3代将軍義満を補佐した。

第4章　混乱する武士の政権

マメ知識

講和条件ですがこれからは南朝と北朝で交互に天皇を出す…などでどうでしょう。

うむ…、それならよかろう。

最近は南朝に味方する武士も少なくなったのでちょうどよかったわい。

1392年　南北朝が一つになった。

重要

約六十年も続いた争いが終わったぞ。

…でも講和条件は無視…。天皇も北朝からしか出さないもんね。

え〜っ！こわっじゃなくてこう〜い条件だったのね。

南朝の後亀山天皇が、北朝の後小松天皇に位をゆずる形で南北朝が一つにまとまった。しかし、南朝側の武士らは朝廷や幕府に反発し、その後も南朝の皇位回復の戦いを続けた。和の条件が守られなかったため、南朝・北朝から順番に天皇を出すという講

もっとくわしく　花の御所 ―足利義満の屋敷―

室町幕府は、三代将軍足利義満のときにもっとも栄えた。義満は京都の室町に邸宅をつくり、そこで政治を行った。そのため、足利氏の幕府を室町幕府という。

義満が建てた邸宅は、名花・名木が集められ、四季折々の花が咲いていたことから、「花の御所」とよばれた。

しかし、一四六七年から始まった応仁の乱で焼け落ちた。

↓花の御所　　（米沢市蔵）

重要用語　足利義満（1358〜1408年）…室町幕府3代将軍。有力な守護大名を次々にたおし、南北朝を1つにするなど、将軍の権力を強めて室町幕府の全盛期を築いた。

マメ知識

三代将軍足利義満は、力をつけてきた有力な守護大名をおさえ、1391年の明徳の乱で山名氏清、1399年の応永の乱で大内義弘をたおし、幕府の力を強化した。義満は1390年に有力守護の土岐康行、

1394年、義満は将軍職を息子の義持にゆずり、朝廷の最高官職太政大臣についた。

```
尊氏 ①
 ├─ ② 義詮 ─ ③ 義満 ─ ④ 義持
 └─ 基氏 ─ 氏満
```

これで公家と武士の両方を支配したぞ。

太政大臣

しかし1395年、

太政大臣をやめて出家するぞ。

え〜っ！心配するな。

将軍職に続き太政大臣をやめて出家したといってもわしが政治をとるんじゃ。

北山に別荘を建てる。

費用はいくらかかってもかわまんぞ。

え〜しかし予算がありませんが…。

全国の守護に出させるのじゃ。

重要用語　**金閣**…足利義満が造営した北山山荘の一つの建物。義満の死後、金閣などを残して北山山荘の建物の多くは解体され、のちに禅宗の鹿苑寺となった。

第4章　混乱する武士の政権

入試に出る！

一三九七年、義満は京都の北山に金閣とよばれる別荘をつくった。

「どうじゃ　三階建てだぞ。」

「一階は寝殿造でわしの像を安置する予定じゃ。二階は武家造で…三階は禅宗の様式。舎利殿は金ぱくがはってあるんじゃ。ぜいたくなもんじゃろうが…。わしの権力の象徴だな。わっはははは…。自慢話は聞きたくないので散会（さんかい）。」

マメ知識

足利義満以降、幕府の権力は弱まり、守護大名の赤松満祐に暗殺され、その後、将軍の力はさらに弱まっていった。六代将軍足利義教は守護大名にきびしい態度をとり、将軍の権威回復に努めたが、守護大名の力が大きくなった。

もっとくわしく　北山文化
足利義満のころの文化

室町幕府三代将軍の足利義満の時代に栄えた文化。この文化は京都北山にある金閣（鹿苑寺金閣）を代表とするので、北山文化とよばれた。

公家の様式である寝殿造と、武家が好んだ禅宗の様式を一つの建物に取り入れた金閣に見られるように、武家と公家の文化が融合した形式が特徴。

このころ義満の保護を受けた能楽や、狂言も大成された。

↓金閣　（鹿苑寺提供）

重要用語
能楽（能）…田楽や猿楽（こっけい劇）などの民間芸能を取り入れた舞と謡を中心とした演劇で、足利義満の保護を受けた観阿弥・世阿弥父子によって大成された。

2 勘合貿易の開始

花の御所や金閣の造営で幕府の財政は苦しくなっています。

イヤなこというなぁ。

財源確保のために明との貿易を始めようと考えていたところじゃ。

一三六八年、中国では「元」を北方に追いやった「明」が成立していた。

たしかに…

中国は明の時代となっていますが、しかし元寇以来日本とは国交がとだえています。

じゃが明のほうから「倭寇」の取りしまりと貿易を求めてきているのだ。

北九州や瀬戸内の者で朝鮮半島や大陸沿岸へ行き、海賊行為をはたらいているやからのことですな。

重要用語 明（1368〜1644年）…貧しい農民出身の朱元璋（洪武帝）が元をたおして建国した中国の王朝。3代永楽帝は積極的な対外政策をとって領土を広げ、もっとも栄えた。

第4章 混乱する武士の政権

マメ知識

入試に出る！

一四〇四年、**勘合による日明貿易**が始まった。

「倭寇を厳重に取りしまり、明と貿易を開始するのじゃ。」

「はっ。」

「わが国からは銅・硫黄・刀剣などを輸出し、明からは銅銭・生糸・絹織物などを輸入して大もうけじゃ。」

「これで幕府の財政は安泰じゃ。」

勘合貿易は四代将軍足利義持によって一時中断されたが、六代将軍義教のときに再開された。遣明船の派遣は幕府が行って利益を得ていたが、幕府が弱体化すると、大内氏らの有力守護大名や商人らが行うようになった。

もっとくわしく

日本と明の貿易 勘合貿易のしくみ

勘合貿易（日明貿易）は、倭寇などの海賊船と正式な貿易船を区別するために、勘合という合い札を使って行われた。明は、文字の片半分を印字した勘合という合い札と底簿を作成し、日本の貿易船は勘合をもって明に行き、勘合と明の底簿が合致すれば正式な貿易船とみとめられた。

- 明の皇帝
- 底簿（明）
- 勘合（日本）
- 遣明船が持参
- 合致

重要用語

倭寇…鎌倉時代末から、北九州や瀬戸内海の豪族や漁民が海賊となり、倭寇とよばれ、おそれられた。朝鮮半島や中国沿岸で人々をおそい、物資をうばった。

3 朝鮮、琉球との交易

そのころ沖縄では、たがいに争っていた三つの王国が尚巴志によって統一され、

十五世紀初め**琉球王国**が生まれた。

琉球王国は日本本土の影響は受けずに、沖縄独自の文化を発展させるのじゃ。

これといった産業がないので、中国や朝鮮、東南アジア、そして日本との貿易に力を入れて、

中国で仕入れた品々は日本でも朝鮮でも人気があり、よく売れました。

そうか！

> **参考** **沖縄の統一**…沖縄は北山・中山・南山と3つに分かれて争っていたが、15世紀前半に中山の尚巴志が沖縄本島を統一して琉球王国をたて、首里を首都とした。

第4章　混乱する武士の政権

マメ知識

「他国で仕入れた品々を別の国に売って大もうけ…。」

「買って」「売って」

「なるほど…。」

「いわば中継貿易ですな。」

「そういうことじゃ。」

十七世紀のはじめに薩摩藩（鹿児島県）に支配されるまでは琉球王国は独自の繁栄と文化を保ち続けた。

琉球王国は、薩摩藩の支配下におかれたのちも独立を保っていたが、一八七二年、明治政府は琉球藩をおいて国王の尚泰を藩王に任命した。さらに一八七九年には軍隊を送って廃藩置県を強行し、沖縄県をおいた（琉球処分）。これにより琉球王国は幕を閉じた。

もっとくわしく

沖縄で栄えた王国

琉球王国

一四二九年に尚巴志が建国した琉球王国は、東アジアの中継貿易の拠点として栄えた。琉球王国は中国に従っていたが、一六〇九年、江戸幕府の許可を得た薩摩藩が軍隊を送って征服した。琉球王国は存続をみとめられたものの、薩摩藩のきびしい支配下におかれた。薩摩藩は琉球を通した中国との貿易で大きな利益を上げた。

←琉球王国の王城、首里城（沖縄県立博物館蔵）

参考　**琉球の中継貿易**…東南アジアからは香辛料や象牙、日本からは銅や日本刀・扇などの工芸品、中国からは絹織物や陶磁器などを輸入し、各地に転売した。

⑬ 産業と都市の発達

室町時代は、農村の自治が進んだ。農民の団結が強まると、農民たちは要求を通すために、土一揆を起こした。そのようすを見ていこう。

① 交通の発達と商業、都市の発達

室町時代の中ごろになると、交通の便利な各地に港町・市場町・門前町などの都市ができた。

昔はほしい物があっても月に三度の市を待つしかなかったが、それが六度になりいつのまにか毎日行われるようになって店がたちならぶようになったよ。こうしてできたのが市場町だ。

大きな寺のそばには門前町。

城の近くには城下町。

交易船がつく港には港町。

参考　貨幣の流通…貨幣は商業の発達でさかんに使われた。日本は10世紀半ば以降貨幣を発行せず、中国から宋銭や明銭を大量に輸入して使った。

111　第4章　混乱する武士の政権

- おーいっ　いつものようにこれをとなりの城下までたのむぜ。
- ほいっ　まかしとけ。
- 商業が発達すると商品をあつかう商人だけでなくわしら**馬借**や**問丸**(問屋)がふえてきたんだぜ。
- 馬借？　問丸？　何それ？　そんなの食べたことないぞ。

重要

マメ知識
定期市が開かれた町では、四日市(四のつく日に開かれた)、八日市(八のつく日に開かれた)など、定期市のなごりである地名が現在でも残っているところが各地にある。

- 商品の運送を専門にしている、まぁ簡単にいえば運送業者だな。
- わしら馬借は馬を使って物を運ぶんだが、各地を歩くのでその土地のいろんな情報が入るんだよ。
- えへん！　物知りなんだぞ。

もっとくわしく　各地に生まれた　さまざまな都市

室町時代には特色のあるさまざまな都市が各地にできた。
港町…港を中心に発展した町。
城下町…大名の領国支配が進み、城のまわりに家臣や商工業者を集めた城下町がつくられた。
門前町…寺や神社のお参りに来た人々の宿泊施設などがそれらの門前につくられた。
寺内町…寺院を中心に町がつくられ、ほかの宗派や領主の攻撃を防ぐために、町の周囲を堀で囲んだ。

↓室町時代の市場町　草戸千軒遺跡(広島県福山市)の復元。

参考
座の発展…鎌倉・室町時代には商人・手工業者の同業者組合の座が結成され、公家や寺社の保護を受けるかわりに税を納め、製造・販売の権利を独占して発展した。

マメ知識

朝廷や幕府は、各地に関所を設けて通行税をとったので、馬借・車借(荷車を用いる運送業者)などの運送業者の活動がさまたげられ、不満をもった馬借らは、しばしば土一揆を起こした。

へぇー 旅ができて面白そうな仕事だね。

そうでもないよ。

最近はやたらに関所がふえて通行税を取られるしな。

わしなんか酒屋から宋銭百枚も借金して生活しているよ。

わしは土倉から明銭五十枚も借金だよ。

もうかるのは高利貸しをしている**町衆の酒屋と土倉**ばかりか…。

【重要】

まちしゅう？ それも食べたことないな。

わしらもそうだがもともとは村で生活していたが…、

町に出てきて商業や手工業で生活するようになった連中のことだよ。

大工さんなんかもそうか…。

重要用語　**土倉**…鎌倉～室町時代の質屋・高利貸し業者。質に入れた品物を保管する土蔵を設けたため、土倉とよばれ、京都や奈良に多く集まった。

第4章　混乱する武士の政権

マメ知識
財源が豊かではなかった室町幕府は、高利貸しを営む酒屋・土倉を保護するとともに、多額の税金を取った。そのため酒屋・土倉はさらに高い金利で金を貸しつけて庶民の反発をまねき、土一揆の攻撃目標とされることが多かった。

商品の流通や町の発展といっしょに力をのばしてきたんだ。

とくに目立っているのが高利貸しの酒屋や土倉だよ。

おーっとむだ話しちゃいらんねぇぞ。荷物を届けないと！

おいらもだー！

がんばってね！そうせんと借金返せないよ。

町衆は町の生活を守るために自衛組織を整えたり祭礼の中心となったりした。

もっとくわしく　町衆の発展　〜自治を行った〜

室町時代には、商工業の発展にともない、商人らにより自治が行われる都市が生まれた。その代表は京都・奈良・堺（大阪府）などで、町衆とよばれた自治や酒屋などの裕福な商工業者が中心となって自治を行った。京都の町衆は、応仁の乱であれた京都の町の復興に大きな力を発揮し、応仁の乱で中断していた祇園祭を復活させた。

←祇園祭
（米沢市蔵）

重要用語　酒屋…鎌倉〜室町時代の酒造業者・高利貸し。酒の販売のほかに土倉をかね、高利貸し業も行うことが多かった。15世紀には京都に約340軒あった。

2 農業の発達と土一揆

室町時代の農村はあいつぐ戦いであらされたが、

「団結して自分たちの村を守ろう！」

「農具を改良して生産性を上げよう。」

「鉄製農具や牛馬を使った耕作がさかんになり、生産性が上がったぞ。」

「わしらの村でも二毛作を取り入れよう。」【重要】

「なんじゃそりゃ？」

「同じ田畑で一年に二回ちがう作物をつくることだよ。」

「米をつくったあとの土地を遊ばせておいてはもったいないだろう。」

「ほう…なるほど。」

参考 **農業の発達**…水車などを利用したかんがい技術が進んだ。稲の品種がふえ、牛馬による農耕（牛馬耕）や、米の裏作に麦や大豆などをつくる二毛作も行われた。

第4章 混乱する武士の政権

「これがほんとうのニモウーさく…ってか。」

マメ知識

各地で二毛作が広まり、米や野菜のほかに綿や麻など手工業の原料もつくられ、各地に**特産物**ができるようになった。

また村では、村の代表者が神社や寺などで**寄合**を開いて重要なことを決めるようになった。これを**惣**といった。

「この村の団結を強めるため**おきて**をつくったぞ。」
「…以上をきちんと守るように。」

このような新しい村を**惣村**という。

村人の団結が強まると、領主に対して結束して抵抗するようになった。はじめは強訴（集団で強硬にうったえる）や、逃散（要求がみとめられるまで耕作せずに逃亡する）の形をとったが、やがて武力をもって反抗し、土一揆へと発展していった。

もっとくわしく

各地の特産物と手工業の発達

室町時代には、桑・藍・茶・楮（紙の原料）など、商品として売ることを目的とした商品作物の生産がさかんになり、特産物となった。また、それらを原料に手工業がおこり、各地に織物・紙すきなどの手工業を専門とする職人が現れた。

代表的なものに、京都西陣の絹織物業、美濃（岐阜県）・越前（福井県）の製紙業、京都伏見の酒づくりなどがある。

↓機織り師　（国立国会図書館蔵）

重要用語

惣（惣村）…有力な農民を中心とした村の自治的な組織を惣、惣を中心とする村を惣村という。惣では寄合を開いて山野の利用や用水の配分などの村のおきてを決めた。

マメ知識

正長の土一揆について、ある僧は日記に「国がほろぶはじめとして、これ以上の事件はない。日本の国が始まって以来、土民(土着の民)が立ち上がったというのは、これがはじめてのことである」とそのおどろきを記した。

一四二八年

「前の年から続いた悪天候で作物のできが悪くて食う物もないというのに年貢の取り立てだ。」

「生活のためにした借金を高利貸しが返せと鬼のようにさいそくだし、」

「となりの村じゃ餓死する者まで出ている…。」

「このままでは死ぬのを待つばかり。」

「こうなれば一揆しかない…。」

「うむ…。」

「一揆だ！徳政令を出させて借金を帳消しにさせよう！」

「そうだ！いっきにやっちまおう！」

「あ…ごめん。」

「こんなときに…。」

「わたしはあちこちの村に力を合わせるように声をかけてまわります。」

「おれは馬借仲間に声をかけるよ。」

重要用語

正長の土一揆…1428年に起こった大規模な土一揆。近江(滋賀県)の馬借の一揆をきっかけに近畿地方一帯に広がり、酒屋、土倉、寺院などをおそった。

第4章　混乱する武士の政権

マメ知識

こうして日本最初の土一揆「正長の土一揆」が起こった。

重要

「徳政令を出せ！」
「年貢を軽くしろ！」

やがて土一揆は近畿地方各地に広がった。

「やったー！徳政令が出たぞ！勝ったぞ！」

これをきっかけに徳政令を求める徳政一揆がたびたび起こるようになった。

奈良市柳生町にある地蔵像には「正長元年ヨリ以前ハ、神戸四ヶ郷ニ負イ目アルベカラズ」という碑文が刻まれている。これは農民たちが正長の土一揆によって、徳政令が出されたことを記念してつくったもの。

もっとくわしく

農民の反乱　土一揆

土一揆とは土民（土着の民）一揆のこと。村の団結が強まっていくと、農民や馬借などの運送業者が領主に、年貢の軽減や借金の帳消し、関所の廃止などの要求をつきつけるようになった。そしてその要求がみとめられない場合に一揆を起こすようになった。

一四二八年に起こった正長の土一揆は、最初の大規模な土一揆である。

←正長の土一揆を伝える碑文　これまでの借金は帳消しになったと記されている。

参考

徳政一揆…室町時代の土一揆のうちでも、とくに徳政令を出すことを要求した一揆。酒屋や土倉などをおそい、勝手に借金の証文を破り捨てることもあった。

⑭ 応仁の乱と戦国時代

八代将軍足利義政のあとつぎ争いや、守護大名の対立がからんで応仁の乱が起こり、戦国の世となった。そのようすを見ていこう。

1 応仁の乱から戦国時代へ

八代将軍 足利義政：わしには息子がいないので あとつぎを 弟のおまえに いずれ…と思っている。

義尋（義視）：わかりました。

しかし義政の妻 日野富子に男の子が生まれると、

日野富子：あなた わが子の義尚を あとつぎに…。

足利義政：しかし 弟と約束したしなぁ…。

次の将軍は義視様だ。

細川勝元

なにを！義尚様だ！

山名宗全

足利義視
日野富子
足利義尚

畠山義就（はたけやまよしなり）　畠山政長（はたけやままさなが）
斯波義廉（しばよしかど）　斯波義敏（しばよしとし）

将軍家のあとつぎ問題と管領家の内部争い、守護大名の細川勝元（ほそかわかつもと）と山名宗全（やまなそうぜん）（持豊（もちとよ））の争いが加わり、

参考　**日野富子**（1440～96年）…8代将軍義政の妻。義政の弟・義視をおさえ、自分の子の義尚を将軍とするために、応仁の乱を引き起こした。

第4章　混乱する武士の政権

マメ知識

応仁の乱では足軽とよばれる軽装の武装集団が活躍した。彼らは状況しだいでどちらの側にもつき、不利となればにげて放火や略奪を行い、昼強盗などとよばれた。また、応仁のころから戦法が一騎打ちによる個人戦から、足軽による集団戦法に変わっていった。

一四六七年、京都を舞台に「応仁の乱」が始まった。

入試に出る！

おい東軍（細川方）は分が悪そうだ。西軍（山名方）についたほうがいいかも…。

足軽

そんなことあるもんか！

どっちでもいいじゃないか。ヤバくなったら有利なほうに寝返ればいいのさ。

もっとくわしく

政治をかえりみなかった 足利義政（一四三六〜九〇年）

足利義政は、十四才で八代将軍となったが、実権は側近らににぎられ、また、ききんや土一揆の発生をおさえることができず、在職中十三回も徳政令を出した。さらに、あとつぎ争いから応仁の乱を引き起こし、将軍の権威は地に落ちた。

義政は政治への意欲を失い、社会の混乱をよそに、芸術に情熱を注いで、保護したことから東山文化が栄えた。

←足利義政　（東京国立博物館蔵）

参考

細川勝元と山名宗全…両者は幕府の実権をめぐって争っていたが、将軍家のあとつぎ争いでも、義視には勝元、義尚には宗全がついて支援し、対立はげしくなった。

マメ知識

応仁の乱後も守護大名の畠山氏一族の内部では対立が続き、一四八五年には、山城南部で戦った。戦いに苦しんだ国人（地侍）や農民らは軍の撤退を求め、畠山氏は受け入れて国外にしりぞいた。その後、山城では八年間にわたって自治が行われた。これを山城国一揆という。

山城（京都府）では武士と農民が手を結び、

入試に出る！

応仁の乱は一四七七年に終わったが、京都の町は焼け野原となり、室町幕府は権威を失った。やがて戦火は各地へと広がり、約百年にわたる**戦国時代**となった。

「そりゃそうだ。」
「しかし長い戦いで疲れたよ。」
「なにせ十一年も戦ってるもんな。」

重要

各地で戦乱が続くと守護大名の家臣や地侍が反乱を起こし、実力で主君をたおす**下剋上**の風潮が広まった。

重要

守護大名にかわって実力で領主になった武将を**戦国大名**というんだぞ。

（家臣／主君）

守護大名を追いはらえ！

山城国一揆を起こした。

重要用語

下剋上…南北朝〜戦国時代，実力のある者が上の身分の者をたおして実権をうばった。美濃（岐阜県）を支配した斎藤道三は，油売り商人から戦国大名になった。

第4章 混乱する武士の政権

マメ知識

応仁の乱で京都はあれはて、公家や僧は地方の大名をたよって移り住んだ。このため地方に京都の文化が伝わり、大内氏の城下町山口（山口県）など小京都といわれる都市が生まれた。

北陸では浄土真宗（一向宗）で結びついた武士と農民が、一向一揆を起こした。

「守護をたおせ！」
「なむあみだぶつ…。」

重要

戦国大名には守護大名の家から出た者もいるが、家臣や浪人、商人などあらたに戦国大名に成長した者が多いんだ。

毛利／島津／斎藤／織田／今川／朝倉／上杉／武田／北条

もっとくわしく

一向一揆　浄土真宗信徒の一揆

一向一揆は浄土真宗の信徒が起こした一揆で、室町時代には浄土真宗を一向宗とよぶことが多かったため、こうよばれる。一向一揆は、守護や旧仏教勢力からの弾圧に武力で対抗するために行われた。
一四八八年に加賀（石川県）で起こった一向一揆は、守護の富樫氏をたおして百年近くも一揆勢が国を治め、「百姓の持ちたる国」とよばれた。

- 一向一揆の発生地域
- 国一揆の発生地域
- おもな土一揆の発生地

加賀の一向一揆（1488〜1580年）
山城国一揆（1485〜93年）
正長の土一揆（1428年）
京都

重要用語

戦国大名…戦国時代に現れた大名。下剋上によって主君をたおし、一国（領国）を支配して幕府から独立して政治を行った。また、領地を広げようと各地で争った。

122

> **マメ知識**
> 北条早雲（一四三二〜一五一九年）は戦国時代の武将で出身は不明。一武将から身をおこして下剋上の末に戦国大名となった早雲は、小田原城（神奈川県）を本拠にすぐれた領国経営を行い、北条氏発展の基礎を築いた。

北条早雲
相模（神奈川県）では、
わしは浪人の身だったが今川氏のもとに身をよせて、
伊豆をおさえたあと小田原城を攻め、
相模の三浦を攻め落とし関東地方を支配したぞ。

武田信玄
甲斐（山梨県）では、
わしは父を追放して強力な家臣団をつくり、
もちろん領地をふやすことにも力を入れたぞ。
次のねらいは信濃だが、

重要　分国法
つまり家法じゃが「甲州法度之次第」をつくって家臣の統制をきっちりと決めて国を治めたぞ。

上杉謙信
信濃の北、越後（新潟県）では、
わしは長尾景虎と名のっていたが国内の豪族を従えて越後を統一し、

重要用語
武田信玄（1521〜73年）…甲斐（山梨県）の戦国武将。名将として知られ、信濃（長野県）や駿河（静岡県）に進出した。信玄堤を築くなど、領内でもすぐれた政治を行った。

第4章 混乱する武士の政権

マメ知識

その後、越後へのがれてきた関東管領上杉氏から姓をゆずられて上杉謙信と名のったぞ。

武田信玄に北信濃を侵略されては越後もあぶない。

越後を——むかえ撃つぞ！

武田信玄と上杉謙信の川中島の戦いは五回にもおよんだが、勝負はつかなかった。

このような戦国大名の戦いが全国各地でくり広げられた。

有力な戦国大名にはほかに、東北地方の伊達氏、中部地方の今川氏・織田氏・朝倉氏・斎藤氏、近畿地方の浅井氏、中国地方の毛利氏・尼子氏、四国地方の長宗我部氏、九州地方の大友氏・島津氏などがいる。

もっとくわしく　戦国大名の法律　分国法

各地の戦国大名は、領国（分国ともいう）を治めるためにそれぞれ独自の法律をつくった。これを分国法という。おもな内容は、家臣の統率や裁判、農民の生活に関する決まりなどで、代表的なものに今川氏の『今川仮名目録』、朝倉氏の『朝倉敏景十七箇条』、武田氏の『甲州法度之次第（信玄家法）』などがある。

↓朝倉敏景十七箇条

（明治大学図書館蔵）

重要用語

上杉謙信（1530～78年）…越後（新潟県）の戦国武将。武田信玄らと戦い、越中（富山県）、加賀・能登（石川県）にも勢力をのばしたが、遠征の準備中に病死した。

2 足利義政と銀閣

応仁の乱で焼け野原になった京都に活気がもどり始めたころ、

富子 お前は金の計算ばかりだな。

世の中すべてお金よ。

そういうあなたは将軍のくせにろくに政治をとりもせず遊んでばかりじゃないの。

ふんっ もう政治などどうでもいい。息子の義尚に将軍をゆずり、わしは隠居だ。そうすれば。

東山に別荘をつくろう。

戦が終わったら今度は山荘づくりか……。

いい迷惑だ。

重要用語 銀閣…義政の死後に寺（慈照寺）となった。銀閣の名は金閣に対比したよび名で、銀ぱくをはる計画があったという説もあるが、確かではない。

第4章 混乱する武士の政権

マメ知識

一四八九年、足利義政は東山山荘の中に観音殿(銀閣)を建てた。

武士と公家の文化がまじり合った東山文化の誕生だ。

入試に出る！

一階は日本建築の原点となった書院造、二階は禅宗の仏殿じゃ。

東山山荘を中心に能楽・狂言・茶の湯・生け花・水墨画などの文化が地方へも広まっていった。

重要

東山文化では、禅宗の寺院を中心に庭園が発達した。その代表的なものが、水を使わず砂と石を用いて自然を表現した枯山水で、京都の竜安寺の石庭や、大徳寺大仙院の庭園が有名である。

もっとくわしく

雪舟（一四二〇～一五〇六年）
幼いころから絵がうまかった

足利義政の東山文化のころに活やくし、水墨画を大成させた雪舟にはこんな話が残っている。
小さいころに寺に入れられたが、絵ばかりかいている雪舟に和尚はおこり、本堂の柱にしばりつけた。悲しくなりしくしく泣いたのち、雪舟は足の指を使い、自分のなみだでねずみをかいた。ねずみは生きているように見え、感心した和尚は雪舟が絵をかくことをゆるしたという。

←秋冬山水図（雪舟・画）
（東京国立博物館蔵）

重要用語

書院造…室町時代におこった住宅の様式で、現在の和風建築のもと。ふすまや障子で部屋を仕切り、たたみをしいて床の間を設けた。

入試によく出る！ビジュアル図鑑③ 室町時代の文化

武家と公家の文化が融合した

室町時代には、武家の文化と公家の文化がとけ合って、簡素で深みのある文化が生まれた。足利義満のころに栄えた文化は北山文化、足利義政のころ栄えた文化は東山文化とよばれる。この時代に発達した能楽（能）や狂言、茶の湯、生け花などは、現代でも多くの人々に親しまれている。

▲**金閣**（京都府）足利義満が京都の北山に建てた別荘で、死後、鹿苑寺という寺になった。1950年に焼失したが、1955年に再建された。（鹿苑寺）

◀**銀閣**（京都府）足利義政が京都の東山に建てた別荘で、死後、慈照寺という寺になった。当時の姿が今も残されている。（慈照寺）

▲**雪舟「天橋立図」** 雪舟は、中国の宋・元から伝わった水墨画の様式からはなれて、独自の水墨画を大成し、すぐれた風景画を数多く残した。（京都国立博物館蔵）

第4章　混乱する武士の政権

●現代につながる室町文化

▲**東求堂同仁斎**　慈照寺の建物の1つ。たたみやふすまなどを取り入れた書院造とよばれる建築様式は、現代の和風建築のもとになった。（慈照寺）

◀**生け花**　寺院で仏前に花をそなえたことから、室内に花をかざる生け花が発達した。

◀**茶の湯**　宋から茶を飲む習慣が伝えられ、僧や貴族・武士の間で広まった。

▶**能を見る人々**　観阿弥・世阿弥父子は、猿楽・田楽をもとに、芸術性の高い能を大成した。

▲▶**能面**　能では老人・女性・鬼・幽霊など、さまざまな面が使われる。
（東京国立博物館蔵）

（国立歴史博物館蔵）

千年以上の歴史をもつ祇園祭

京都の祇園祭は、伝染病がなくなることをいのって九世紀後半に始まったとされる。応仁の乱で京都が焼け野原になったため一度はとだえたが、京都の町衆によってまもなく復興された。

◀**祇園祭**　豪華な山ぼこを多くの人が引いて町を練り歩く。

要点整理と重要事項のまとめ ④

① 建武の新政と室町幕府（室町時代）

①建武の新政と南北朝の争い
- **建武の新政**…後醍醐天皇は公家中心の政治を行うが，武士の間で不満が高まる。
- **南北朝の対立**…足利尊氏が新しい天皇をたて（北朝），後醍醐天皇は吉野に（南朝）。

②室町幕府の誕生と幕府の政治
- **幕府の成立**…足利尊氏が征夷大将軍に任じられ，京都で幕府を開く。
- **幕府のしくみ**…将軍を助ける管領がおかれる。守護が成長して守護大名に。

② 東アジアの動きと産業の発達（室町時代）

①足利義満と東アジアの動き
- **足利義満**…南北朝を1つにまとめる。室町幕府の全盛期。
- **勘合貿易**…倭寇を取りしまり，明と貿易を行う。
- **東アジアの変化**…14世紀末，朝鮮国成立。ハングルの発明。15世紀初め，沖縄で琉球王国がおこり，中継貿易で栄える。

②産業と都市の発達
- **商業・交通**…運送業の馬借，問丸，高利貸しの土倉，酒屋が発達。座，定期市の増加。
- **都市**…城下町，港町などが形成される。町衆を中心に自治。
- **農業**…二毛作，牛馬耕の普及。
- **農村**…惣（惣村）では寄合で話し合い。土一揆の増加。

③ 応仁の乱と戦国時代（室町時代／戦国時代）

①応仁の乱から戦国時代へ
- **応仁の乱**…有力な守護大名が対立し，1467年に起こる。
- **戦国時代**…約100年間戦乱が続く。下剋上の風潮。戦国大名は分国法を制定。城下町。

②室町時代の文化
- 足利義満の金閣，足利義政の銀閣，書院造，観阿弥・世阿弥の能楽（能），雪舟の水墨画。

第4章　混乱する武士の政権

重要事項の一問一答 ④

❶ 建武の新政と室町幕府（室町時代）

①後醍醐天皇が行った公家を重視する政治を何といいますか。

②後醍醐天皇に協力して鎌倉幕府をたおし，のちに室町幕府を開いた人物はだれですか。

③室町幕府におかれた，将軍を助ける役職を何といいますか。

❷ 東アジアの動きと産業の発達（室町時代）

①南北朝を1つにまとめた室町幕府の将軍はだれですか。

②①の人物が中国の明との間で始めた貿易を何といいますか。

③室町時代に発達した，馬を使って物資を運ぶ陸上の運送業者を何といいますか。

④各地の農村でおこった自治的な農民のまとまりを何といいますか。

⑤農民が，年貢の引き下げや借金の帳消しなどを求めて抵抗したことを何といいますか。

❸ 応仁の乱と戦国時代（室町時代／戦国時代）

①将軍のあとつぎ争いなどから，1467年に起こった戦いを何といいますか。

②戦国時代に高まった，身分が下の者が上の者を実力で打ち破る風潮を何といいますか。

③戦国大名が領国を治めるために定めた，独自の法律を何といいますか。

④室町時代におこった，床の間やちがい棚，ふすまを取り入れた建築様式を何といいますか。

●答え　**1** ①建武の新政　②足利尊氏　③管領　**2** ①足利義満　②勘合（日明）貿易　③馬借　④惣（惣村）　⑤（土）一揆　**3** ①応仁の乱　②下剋上　③分国法（家法）　④書院造

第5章 全国統一と江戸幕府

⑮ 鉄砲とキリスト教の伝来

ヨーロッパの国々が次々とアジア各地に進出するようになり、日本に鉄砲やキリスト教が伝えられた。そのようすを見ていこう。

1 鉄砲の伝来と広がり

一五四三年、**種子島**（鹿児島県）に**ポルトガル人**を乗せた中国船が流れ着いた。

重要

ホエ〜南蛮人だ〜！

ドーモドーモ！

入試に出る！

鉄砲をお見せします！

鉄砲？なんだそりゃ。

ズダーン

わあ！

参考 **種子島時尭**（1528〜79年）…種子島の領主。島に漂着したポルトガル人から鉄砲を購入し、家臣に火薬の調合法や鉄砲の製造法を学ばせた。

第5章 全国統一と江戸幕府

マメ知識
日本に伝来した鉄砲は火のついた縄で点火させる火縄銃で、伝来した土地から「種子島」とよばれた。筒の先から火薬と弾を入れ、細長い鉄の棒で銃身の奥までつめ、火縄で火薬に点火して発射した。

- な〜！
- 南蛮の魔法じゃ
- くわばらくわばら…。
- すごい破壊力じゃな！
- よし！買うぞ！二丁くれ！
- まいどあり〜！
- 種子島時堯
- 火薬のつくり方などを学ぶのじゃ。
- は！

もっとくわしく ヨーロッパ人の海外進出

ヨーロッパでは、香辛料などのアジアの産物は、イスラムやイタリアの商人を経て輸入され、高値で取り引きされていた。ポルトガルやスペインは、それらを直接手に入れるため、新しい航路を開拓し、ポルトガルはインドへ、スペインはアメリカ大陸へ到達した。また、このころキリスト教が海外布教に力を入れたため、多くの宣教師が商人とともに海外へ進出した。

←日本にやってきた宣教師
（神戸市立博物館蔵）

参考　ポルトガル人…彼らを乗せた中国船はシャム（タイ）から中国に向かう途中で遭難し、種子島に漂着した。彼らがはじめて日本にやって来たヨーロッパ人だ。

マメ知識

鉄砲の底はねじでふさがれていたが、日本にはねじをつくる技術がなかったため、鉄砲づくりを通してねじの原理が日本に伝わった。鉄砲づくりに取り組んだ八板清定は筒の底のふさぎ方がわからず、苦心した。

「これと同じものをつくれるか？」
「へい！やってみます！」
刀工 八板清定（やいたきよさだ）

「う〜む！筒の底のふさぎ方がわからない。」

清定は再びポルトガル人が訪れたとき教えを受けた。

筒の底はねじ式だった。

キリキリ

バキーン

「できた！」
「よし！さっそく大量生産してくれ！」
「ひぃ〜」
「一丁でも大変なのに〜。」

参考 　**鉄砲の活用**…鉄砲を本格的に活用した織田信長（おだのぶなが）は鉄砲生産地の堺を直接支配（ちょくせつしはい）して鉄砲や火薬を入手し、長篠（ながしの）の戦いでは3000丁の鉄砲を用い、武田軍（たけだぐん）に勝利した。

第5章 全国統一と江戸幕府

マメ知識
ポルトガルやスペインの船が九州の長崎や平戸に来航し、諸大名と貿易を行った。これを南蛮貿易という。南蛮貿易で日本は鉄砲や火薬、中国産の生糸や絹織物を輸入し、銀や刀剣・漆器などを輸出した。カステラやワインなどはこのときに伝わった。

（コマ1）これからは鉄砲が武器の中心として使われるようになるぞ！

（コマ2）鉄砲はどんどん広まり、種子島から堺（大阪府）、根来（和歌山県）、国友（滋賀県）でもつくられるようになった。

（コマ3）さあ！一騎打ちだ！かかってこい！

（コマ4）ひえー

（コマ5）ひえー 鉄砲こわ〜い！

もっとくわしく　鉄砲の広がりと戦術の変化

一四六七年の応仁の乱のころから、歩兵の足軽による集団戦法が用いられていた。戦場で鉄砲が使われるようになると、大規模な集団戦が本格的に行われるようになり、訓練された足軽が鉄砲隊や弓隊、やり隊に編成され、戦いの主力となった。また、戦い方の変化にともない、よろいも集団戦法に適した軽くて動きやすく、簡素なつくりのものに変わった。

↓鉄砲足軽（左）　低い身分だったが、戦いの重要な役割をになった。

（東京国立博物館蔵）

参考　**城づくりの変化**…城のつくりは鉄砲に対応したものに変わり、鉄砲の弾がとどかないよう堀を広くして石垣を高くし、やぐらや塀の壁は分厚くなった。

２ キリスト教の伝来と広がり

一五四九年 薩摩（鹿児島県）

わたしはフランシスコ＝ザビエル。キリスト教の布教に来ました。

入試に出る！

キリスト教？

南蛮のお坊さんかね？

日本人は貧しくても心がきれいだ…。

そうですそうです。

薩摩の領主島津貴久

貿易をしてくれるなら布教をゆるそう。

キリスト教など反対じゃ！

農民より僧侶のほうが行いが悪い。

重要用語 **フランシスコ＝ザビエル**（1506～52年）…イエズス会の宣教師。マラッカで日本人青年ヤジローに出会い、来日を決意。日本にはじめてキリスト教を伝えた。

第5章　全国統一と江戸幕府

マメ知識

しかし京都は応仁の乱であれはて、天皇は権力を失っていたのであきらめた。

一五五〇年 ザビエルは布教しながら京都へ上った。

ザビエルは、天皇から布教を許可してもらおうと京都に上ったが、都のあれはてたようすを見て天皇に力がないことを知り、会うことを断念。そして、山口の領主大内義隆を訪ねて保護を受け、山口に日本で最初の教会をつくった。

京都からの帰りに周防（山口県）の大内義隆を訪ねる。

わしも信者になるぞ。

さらに豊後府内（大分県）などで布教。信者はしだいにふえていった。

もっとくわしく　宗教改革とイエズス会の設立

一五一七年、ヨーロッパではドイツ人ルターが教会の免罪符（罪をゆるす札）販売に抗議したことから宗教改革が始まり、プロテスタントとよばれる宗派が生まれ、キリスト教会はカトリック（旧教）とプロテスタント（新教）に分裂してしまった。ザビエルらは、カトリック教会内部にイエズス会を設立し、カトリックの勢力回復のため海外布教に力を入れた。

←ザビエル（神戸市立博物館蔵）

参考
- 島津貴久（1514〜71年）…薩摩・大隅（鹿児島県）を統一、島津氏の基礎を築いた。
- 大内義隆（1507〜51年）…周防（山口県）など7か国の領主。学問・芸術を保護した。

136

マメ知識：ザビエルは、日本での布教のためには、まず日本文化の源流である中国への布教が必要であると考え、日本で二年ほど布教したのち中国へ向かい、中国への上陸の機会を待っていたが、病死した。

一五五一年 ザビエルは日本をはなれた。

さよーならー。

ザビエルが残した宣教師たちは布教を続けた。

神は貧しい人ほどお救いなされるのです。

宣教師たちは人々のために病院を建てたり物や金をあたえたりした。

ありがたやー。

安土（滋賀県）や有馬（長崎県）にセミナリオとよばれる神学校を建てた。

こうして一五八七年には教会堂は二百、信者数は二十万にもなり、キリスト教は西日本を中心に大きく広まっていった。

参考　南蛮文化…宣教師の活動や南蛮貿易で日本に伝えられた、西洋の学問や技術。医学・地理・天文学・暦学などの学問、活版印刷や航海術が伝わった（154ページ参照）。

第5章　全国統一と江戸幕府

肥前（長崎県）の**大村純忠**は日本最初の**キリシタン大名**。

一五八〇年、南蛮貿易のために、長崎をイエズス会に寄進した。

さらに**大友義鎮**、**有馬晴信**らの大名も入信。

キリシタン大名はふえていった。

他の宣教師たちも次々と来日。

一五八二年、キリシタン大名はキリスト教の中心地ローマへ**少年使節**を送り、教皇に面会した。

重要

マメ知識

キリスト教の教会堂は南蛮寺とよばれ、キリスト教がさかんなときには各地に約二百か所もつくられた。とくに京都に建設された南蛮寺は評判をよび、見物人が集まる京都の名所となった。

もっとくわしく　各地で歓迎された　ローマへの少年使節

一五八二年、九州のキリシタン大名らは伊東マンショ・千々石ミゲル・原マルチノ・中浦ジュリアンの四人の少年を使節としてヨーロッパへ送った（遣欧少年使節）。彼らは二年半の船旅の末、スペイン国王フェリペ二世やローマ教皇に謁見し、各地で大歓迎を受けた。一五九〇年に帰国したが、すでに豊臣秀吉のバテレン（宣教師）追放令が出されており、表だった布教活動はできなかった。

↓遣欧少年使節

（京都大学附属図書館蔵）

参考

キリシタン大名…洗礼を受け、キリスト教に改宗した大名。大村純忠・大友義鎮（宗麟）・有馬晴信・高山右近・小西行長らが有名。

⑯ 織田信長の統一事業

戦国の争いを終わらせて全国を統一しようとした織田信長は、志半ばにして明智光秀にそむかれた。そのようすを見ていこう。

1 信長の登場と領土の拡大

「わしが信長じゃ！」

織田信長は若いころうつけ（ばか）殿とよばれていた。

しかしとなりの国美濃（岐阜県）の戦国大名斎藤道三は信長の才能を見ぬき、自分の娘を信長にとつがせた。

「いずれわが子はあのうつけの家来になるだろう。」

そして一五五一年、信長は父信秀のあとをつぎ尾張（愛知県）の実権をにぎる。

「わしにはもっと大きな使命があるのじゃ！」

一五六〇年、今川義元は京都へ上るため、尾張に攻撃をしかけてきた。

「こんな小さな国かんたんにほろぼしてみせるわ！ホッホッホ」

重要用語 今川義元（1519〜60年）…駿河・遠江（静岡県）・三河（愛知県）を治めた有力な戦国武将。桶狭間の戦いで織田信長に敗れた。

第5章　全国統一と江戸幕府

マメ知識

織田信長は室町幕府十三代将軍足利義輝の弟である義昭をつれて京都に入り、義昭を十五代将軍につけた。しかし両者はしだいに対立するようになり、一五七三年、義昭は京都から追放され、室町幕府はほろんだ。

殿！大軍がせまっています！

もはや城にたてこもるしかありませぬ！

たわけ！相手が油断している今こそチャンスじゃ！

義元に奇襲攻撃をかけるぞ！

はっ！

他の兵にかまうな！ねらうは義元ただ一人じゃ！

桶狭間

しっしまった～！

重要

どうだ！小国が大国を打ち破ったぞ！

桶狭間の戦いである。

もっとくわしく

斎藤道三（一四九四～一五五六年）と織田信長（一五三四～八二年）

油売り商人から戦国大名となった美濃（岐阜県）の斎藤道三は、下剋上で出世した典型的な人物として知られる。

信長と会見したとき、彼のすぐれた能力を見ぬいた道三は、娘の濃姫をとつがせた。そして、信長に美濃をゆずるとの遺言を残したといわれる。道三はのちに子の義竜と対立して敗死し、のちに信長は美濃を攻め落として支配した。

←斎藤道三
（常在寺蔵）

重要用語　**桶狭間の戦い**…1560年、織田信長は、大軍を率いて尾張（愛知県）に攻めこんだ今川義元軍に奇襲攻撃をしかけて破り、義元を敗死させた。

マメ知識

石山本願寺（現在、大阪城のあるところにあった浄土真宗の寺）は各地で信者の一揆をうながし、反織田信長勢力と同盟を結んで天下統一をめざす信長と十一年間戦ったが、朝廷の仲介で講和を結び、本願寺から退去した。

天下統一に動き出した信長は一五七〇年、姉川の戦いで越前（福井県）の朝倉氏と近江（滋賀県）の浅井氏を破った。

「天下統一のためじゃ！いけー！」

信長の前に立ちふさがったのは戦国大名だけではなかった。

「比叡山延暦寺めわしのじゃまばかりしおって！」

比叡山は軍隊をつくり、浅井・朝倉軍に支援していたのだ。

「仏につかえる身で武器を取るとは何ごとだ！山ごと焼きはらってしまえ！」

「うわぁ〜。」

ゴォォオオ

一五七一年九月、信長は比叡山に住むすべての人を焼きはらった。

さらに **石山本願寺** は浄土真宗の信者による **一向一揆** によって各地で信長に抵抗した。

浄土真宗代表 本願寺 顕如

「信長などに天下を取られてたまるか！」

一向宗信者の数は多くなかなか決着がつかなかったが…、苦しい戦いののち信長と顕如は講和を結んだ。

参考 姉川の戦い…1570年、織田信長・徳川家康軍と浅井長政・朝倉義景軍が近江（滋賀県）の姉川の河畔で戦い、浅井・朝倉軍は敗れた。

マメ知識

比叡山延暦寺は武田氏や浅井氏、朝倉氏の援助を受け、織田信長と対立した。信長は一五七一年に延暦寺を焼きはらい、僧や庶民三千人以上を殺害した。延暦寺はのちに豊臣氏や、徳川氏の援助を受けて復興した。

入試に出る！

一五七五年の**長篠の戦い**では**鉄砲隊**を用いた新しい**集団戦法**で武田軍を壊滅させた。

> 鉄砲の前にわが騎馬隊は無力じゃ〜！

ダーン ダーン ダーン

北陸、中部、中国、近畿もそれぞれ信長の有力な家臣たちによって攻略されていった。

地図:
- 毛利輝元
- 長宗我部元親
- 羽柴（豊臣）秀吉
- 丹羽長秀
- 安土城
- 信長
- 柴田勝家
- 上杉景勝
- 滝川一益
- 北条氏政
- 信長の支配地

もっとくわしく　信長がおそれた **武田氏の滅亡**

戦上手で、領国経営にもすぐれた甲斐（山梨県）の名将・武田信玄は、織田信長がもっともおそれた戦国大名だったが、京都に上るために戦いを進めていた最中にたおれ、志半ばにして病死してしまった。

武田氏は子の勝頼があとをついだが、信長は一五七五年、長篠の戦いで武田氏がほこる騎馬隊を破り、一五八二年の天目山の戦いで武田氏をほろぼした。

←武田勝頼　（高野山文化財保存会蔵）

重要用語　**長篠の戦い**…1575年，三河（愛知県）長篠で，織田信長・徳川家康軍が3000丁の鉄砲を使用して武田勝頼軍の騎馬隊を破った戦い。

2 信長の政治

いよいよわしの天下統一も近い。天下人にふさわしい城をつくろう。長秀まかせたぞ！

丹羽長秀：はは。

場所は京都への交通の便がよく水運にもめぐまれている安土にしよう。

京都●　琵琶湖
●安土

城下町ができて経済が発展するね！

座や税金がなくなり自由な商売ができるよ！（**楽市・楽座**）

入試に出る！

関所がなくなって人や商品も出入りしやすくなったよ。

殿！安土に人がどんどん集まってきています。

はっはっは！日本は**安土城**を中心に発展していくのじゃ！

重要

重要用語　**楽市・楽座**…楽市は営業税の免除，楽座は特権をもった同業者組合である座の廃止のこと。戦国大名は城下町を繁栄させるため，新しい商人にも自由な営業をみとめた。

第5章 全国統一と江戸幕府

1581年、京都、本能寺。ここは信長が京都に泊まるときの宿所となっていた。

信長様 お久しゅうございます。

おおフロイスか また世界の話を聞かせてくれ！

宣教師のルイス＝フロイスは信長の保護を受けてキリスト教の布教活動をしていた。

信長は宣教師から外国の品々をおくられとても気に入っていた。

ワインはよいのう。

マメ知識
ルイス＝フロイスは信長のことを「武芸を好み、粗野でごうまんで、名誉を大切にする。決断力があり、戦術にたけているが、部下のいうことはほとんど聞かない。」と書き残している。

もっとくわしく
天下の名城 安土城

安土城は、織田信長が近江の安土（滋賀県安土町）に築いた城で1579年に完成した。琵琶湖に面し、水運も利用できる要所で天下統一への拠点となった。地下一階、地上六階（五層七重）の天守（天主）閣は金や朱色でぬられ、内部は有名な絵師である狩野永徳の障壁画でかざられた豪華な城だった。
しかし、1582年に本能寺の変で信長が死去すると、その混乱のさなかに焼け落ちた。

←安土城 （大阪城天守閣蔵）

参考
信長とキリスト教……一向一揆や延暦寺、石山本願寺など仏教勢力との戦いに苦しんだ信長は、仏教をおさえるためキリスト教を保護し、教会や神学校の建設を許可した。

マメ知識

好奇心がおうせいで、新しいものが好きだった信長は、西洋のめずらしい品々を好んだ。また、信長は西洋の進んだ科学知識にも興味をしめし、宣教師から天文学や世界の国々の話を興味深く聞いたという。

新しいものが大好きな信長は西洋との貿易を積極的に進め、鉄砲やマントなどを手に入れた。

西洋のよろいじゃ。

一五八二年、中国地方で戦っている秀吉に加勢するため出陣した。

羽柴〔豊臣〕秀吉

信長様助けて～！

その軍の先鋒を明智光秀に命じ、信長はわずかの兵で本能寺に宿泊した。

明智光秀

今引き返して信長様を討てばわしが天下人になれる…よし！

敵は本能寺じゃ！

？ 何ごとじゃ…。

殿、明智光秀がむほんを起こしました！

なにぃ！

一五八二年 本能寺の変

おのれ　光秀!!

ゴオォォ

信長は光秀の軍に攻めこまれ奥の部屋で自害した。

マメ知識

本能寺は京都の四条西洞院にあった法華宗の寺院で、信長が京都に滞在するときにいつも泊まる宿となっていたが、一五八二年の本能寺の変で焼け落ちた。現在は京都市中京区に移転して再建されており、寺には信長の供養塔がある。

もっとくわしく　織田信長をおそった　明智光秀（？〜一五八二年）

明智光秀は、美濃の守護だった名門の土岐氏の一族といわれる。はじめは越前（福井県）の武将朝倉義景に仕え、義景のもとに身を寄せていた足利義昭（のちの室町幕府十五代将軍）と織田信長を引き合わせた。のちに信長に仕え、織田家のなかでも有力な武将の一人に出世した。
光秀がなぜ信長をおそったか、昔からさまざまな説が唱えられているが、はっきりとした理由はわかっていない。

←明智光秀（本徳寺蔵）

重要用語

本能寺の変…わずかの兵で京都の本能寺に滞在していた信長を、明智軍1万3000の兵が攻めた。信長も武器を取って戦ったが、自害した。49才だった。

⑰ 豊臣秀吉の全国統一

織田信長の統一事業を引きついだ豊臣秀吉が太閤検地や刀狩を行い、ついに天下統一を果たした。そのようすを見ていこう。

1 信長の後継者から全国統一へ

中国地方で毛利氏と戦っていた羽柴（豊臣）秀吉は手紙で**本能寺の変**を知る。

羽柴秀吉

ま、まさか…信長様が…。

よし！かたき討ちじゃ！

〜！光秀め

秀吉はただちに毛利氏と和睦すると大急ぎで京都にもどった。

秀吉のあまりの早さに、光秀は十分な兵を集めることができず、山崎（京都府）で敗退した。

ぐわ！

そしてにげる途中山の中で農民の落ち武者狩りにあって命を落とした。

参考 柴田勝家（1522〜83年）…織田信長の有力な家臣。信長の死後、豊臣秀吉と対立して兵をあげたが、賤ケ岳の戦いで敗れ、自害した。

第5章 全国統一と江戸幕府

マメ知識

清洲城（愛知県）で信長の後継者について会議が開かれた。

柴田勝家「信長様のあとつぎは三男の信孝様がよいと思う！」

「いや！あとつぎは長男信忠様の子、三法師（秀信）様じゃ！」

秀吉は山崎の戦いの勝利を背景に織田家の実権をにぎりつつあった！

秀吉に対立した柴田勝家は、一五八三年、賤ケ岳（滋賀県）の戦いで秀吉と対戦。

ゴウゴウ

「く、むねん…。」

追いつめられ妻のお市（信長の妹）とともに自害した。

近江（滋賀県）の浅井長政にとつぎ、のちに柴田勝家と再婚した織田信長の妹お市のように、戦国時代には他国と友好関係を結ぶために、娘をとつがせたり、相手国の娘を嫁にむかえる政略結婚が行われた。女性は友好関係を保つ使節であり、人質でもあった。

もっとくわしく

猿とよばれた 豊臣秀吉（一五三六〜九八年）

一五三六年、尾張（愛知県）で足軽の子として生まれた秀吉は、二十才のころ織田信長に仕えた。顔が猿に似ているが、機転が利き、仕事熱心な秀吉は、気むずかしい信長にも「猿」とよばれてかわいがられたという。

ここで出世の糸口をつかんだ秀吉は、やがて有力な武将となり、本能寺の変で信長が死去したあとの勢力争いに勝って後継者の地位を確立した。

←豊臣秀吉（高台寺蔵）

参考 **賤ケ岳の戦い**…1583年，近江（滋賀県）賤ケ岳で柴田勝家と秀吉が戦った。敗北した勝家は自害し，秀吉は織田信長の後継者の地位を確立した。

マメ知識

秀吉は一五八五年に関白、翌年には太政大臣となり、後、以後、太閤（前の関白）と称した。後陽成天皇から豊臣の姓をあたえられた。一五九一年に養子の秀次に関白の位をゆ

「いよいよわしの天下も近い！」

「羽柴秀吉信長様の安土城にもまさる日本一の城をつくろう。」

「大阪は京都に近く水上交通も便利だ！」

京都
大阪

三年がかりで完成した秀吉の **大阪城**。

重要

「この大阪城を拠点としてさらに全国統一を進めるため、残る四国、九州、東国に攻撃をかけた。まずは四国じゃ。」

一五八五年四国の長宗我部元親

「降参じゃ〜！」

一五八七年九州の島津義久

「大軍には勝てん！」

参考 **長宗我部元親**（1538〜99年）…土佐（高知県）の戦国大名で四国を統一したが、秀吉に攻められて降伏し、土佐だけの支配をゆるされた。

第5章　全国統一と江戸幕府

一五九〇年、小田原（神奈川県）の北条氏政

「もうろう城するのは限界じゃ。」

さらに奥州（福島県など）の大名から領地を取りあげた。

マメ知識
秀吉軍は北条氏の本拠の小田原城を大軍で包囲した。北条氏は三か月間城にたてこもったが、大規模な戦いをすることなく降伏した。

一五九〇年、ついに秀吉は**天下統一**をなしとげた！本能寺の変から八年後のことだった。

「信長様〜やりましたぞ〜！」

重要

もっとくわしく　天下の巨城　大阪城

↓大阪城

大阪城は豊臣秀吉が一五八三年に築城を始めた。五層の天守閣と城のまわりには二重の堀をめぐらせ、難攻不落の巨大な城をつくりあげたが、一六一五年の大阪夏の陣で落城した。その後、江戸幕府は大阪城を再建したが、天守閣は落雷で焼失し、そのほかの建物も一八六八年の戊辰戦争の混乱のなかで焼け落ちた。現在の天守閣は一九三一年に再建された。

参考　島津義久（1533〜1611年）…薩摩（鹿児島県）を本拠とする戦国大名で、九州の統一を進めていたが、秀吉に攻撃されて降伏し、薩摩の支配だけをゆるされた。

2 豊臣秀吉の政治

一五八二年、秀吉は年貢を確保するために**太閤検地**という土地調査を始めた。

入試に出る！

米をはかるますも京ますに統一して不公平をなくす。

これでごまかす者もなく年貢を取れるぞ！

いっしょうけんめい働かなきゃ。

なんとか農民から武器を取り上げねば…。（**刀狩**）

入試に出る！

そうだ、大仏づくりを口実に刀ややりを集めよう！

大仏づくりに使う鉄がいるのじゃ協力してくれ！

それなら仕方ないな…！

重要用語 **太閤検地**…検地は他の戦国大名も行ったが、豊臣秀吉が行った検地を、とくに太閤検地という。ものさしやますを統一し、土地の面積や耕作者などを調べた。

第5章　全国統一と江戸幕府

マメ知識

一五九八年　秀吉は豊臣家の政治を安定させるため「五大老五奉行」を定めた。

前田玄以
石田三成
浅野長政
増田長盛
長束正家

実際の政治を行うのがわれわれ五奉行である。

そして五奉行の後見人として政治全体を取りしきるのがわしら五大老じゃ。

徳川家康
毛利輝元
上杉景勝
宇喜多秀家
前田利家

＊大老ははじめは6人だったが、小早川隆景が亡くなり5人となった。

秀吉は一五八七年にバテレン（宣教師）追放令を出してキリスト教の布教を禁じ、宣教師の国外退去を命じた。しかし、南蛮貿易は続けたので、キリスト教の禁止は徹底されず、一五九六年には宣教師・信徒ら二十六人を長崎で処刑した。

もっとくわしく　兵農分離を進めた　太閤検地と刀狩

一五八二年から豊臣秀吉が行った太閤検地では、農民は田畑を所有する権利をみとめられたが、年貢を納める義務を負い、土地にしばりつけられた。
また、一五八八年の刀狩で農民の武器を取り上げた。さらに、身分を変えることを禁止し、武士・農民・町人の身分を固定した。こうした政策で兵農分離が進められ、近世社会の身分制度の基礎ができた。

↓検地

（江戸時代の資料による）

重要用語

刀狩…方広寺の大仏建立を口実に、農民や寺院のもっていた武器を差し出させたが、ほんとうのねらいは農民の一揆を防ぎ、耕作に専念させることだった。

マメ知識

文禄の役で朝鮮の武将李舜臣は、亀甲船（矢や敵の侵入を防ぐため、船の屋根を厚い鉄板でおおった軍船）を率いて日本水軍に抵抗した。これにより日本軍は不利となり、講和の話し合いが行われた。しかし、和平の交渉は成功せず、秀吉は再度兵を送った。

天下を統一した秀吉はさらに大陸へと目を向けるようになった。

秀吉は、一五九二年四月十五万八千の大軍を朝鮮へ送りこんだ。**「文禄の役」**である。【重要】

「行け！」

はじめのうちは順調だったが、

李舜臣率いる水軍に大打撃をくらってしまう。

ドワァン

さらに民衆の抵抗や明の軍勢が朝鮮に加勢し、苦しい戦いになった。

一五九三年なかなか子どもができなかった秀吉に待望の男子が生まれた。

「豊臣家のあととりじゃ！」

キャキャ

一方、朝鮮とはいったんは講和の道を進んだものの秀吉の考えと合わず再び攻めることになった。

一五九七年**「慶長の役」**【重要】

「もう一度じゃ〜！」

【重要用語】**朝鮮侵略**…日本を統一した秀吉は、次に明（中国）の征服を計画し、朝鮮に明征服の道案内を要求した。しかし朝鮮がこれを拒否したため、朝鮮に出兵した。

153　第5章　全国統一と江戸幕府

しかし、秀吉の体はおとろえ始めていた。

「家康どの、くれぐれも秀頼のことをお願いするぞよ…。」

「おまかせください、太閤様。」

一五九八年、幼いわが子秀頼の心配をしながら秀吉は六十二才の生涯を閉じた。

「慶長の役」で朝鮮に出兵していた日本軍は戦う名目を失い兵を引いた。

「やっと帰れる〜！」

マメ知識

豊臣秀頼は長い間子にめぐまれなかったため、おいの秀次を養子とし、あとつぎとしていた。しかし、秀頼が生まれると、秀次はむほん人として切腹させられ、女子をふくむ一族三十人余りが殺された。

もっとくわしく　日本に伝わった　朝鮮の陶芸技術

安土桃山時代には、茶の湯がさかんになった。そのため、茶の道具である茶碗などが求められるようになった。豊臣秀吉の二度にわたる朝鮮侵略では、朝鮮の陶工が連れてこられ、九州地方や中国地方で、新しい焼き物がつくられた。その代表的なものが肥前（佐賀県）の有田焼、薩摩（鹿児島県）の薩摩焼・長門（山口県）の萩焼などである。

↓有田焼の大皿

重要用語

豊臣秀頼（1593〜1615年）…秀吉の子で、あとをついだが、関ヶ原の戦いに敗れて小大名に転落。1615年の大阪夏の陣で徳川家康に攻められ、母の淀君と自害した。

入試によく出る！ビジュアル図鑑④

安土桃山時代の文化

雄大で豪華な文化が生まれた

織田信長や豊臣秀吉が活やくした時代には、戦乱を勝ちぬいてきた大名たちや、貿易でばく大な利益を上げた大商人たちの気風を反映した、雄大ではなやかな文化がおこった。これを桃山文化という。桃山文化では仏教の影響がうすれるとともに、庶民の間にも文化が広まっていった。

▶**安土城（復元模型）** 安土城は織田信長が琵琶湖東岸の安土（滋賀県）に建てた城。本能寺の変のとき焼失したが、五層七重の天守閣をもつ豪華な城だったとされる。
（安土城郭史料館蔵）

▲**西本願寺書院（京都府）** はなやかな障壁画や、らんま（天井と鴨居の間の部分）の彫刻など、桃山文化の豪華さがよく表れている。
（西本願寺）

▶**姫路城（兵庫県）** 桃山時代を代表する城で、ユネスコの世界文化遺産に登録されている。

▲狩野永徳「唐獅子図屏風」 狩野永徳は織田信長、豊臣秀吉に重用された画家で、大胆で力強い障壁画(ふすま絵)をかいた。
(宮内庁三の丸尚蔵館蔵)

◀妙喜庵待庵 千利休がつくったとされる茶室。簡素なつくりに、利休が追求した「わび」のおもむきが感じられる。 (妙喜庵)

▶歌舞伎踊りを楽しむ人々 出雲(島根県)の阿国が始めた歌舞伎踊りはたちまち流行になり、各地で多くの観客を集めた。なかには南蛮人(スペイン人・ポルトガル人)の見物客もあった。
(京都大学附属図書館蔵)

◀来日した南蛮人 ポルトガル人の船員のほかに荷物を運ぶ黒人の姿も見える。 (神戸市博物館蔵)

ヨーロッパからの文化 南蛮文化

十六世紀後半からは、スペインやポルトガルを通じて、天文学・医学などの学問、航海術・活版印刷などの技術、西洋の食べ物・衣服などが伝えられた。これにより栄えた文化を南蛮文化という。このころ伝わったカステラ・パン・カルタなどの言葉は、今では日本語(外来語)になっている。

⑱ 江戸幕府の成立

関ヶ原の戦いで勝利した徳川家康は、実権をにぎって江戸幕府を開き、大阪の陣で豊臣氏をほろぼした。そのようすを見ていこう。

1 関ヶ原の戦いと江戸幕府の誕生

秀吉の死後豊臣政権内では対立する者がふえていった。

文治派：石田三成、小西行長
武断派：加藤清正、福島正則

五大老の一人徳川家康は着々と権力をにぎっていった。

他の大名と婚姻関係を結んで味方をふやすぞ。

石田三成：家康は豊臣家をつぶそうとしているにちがいない。

戦じゃ！家康を討て！

三成が兵をあげるのを家康は待っていた。

関ヶ原に向かえ！

重要用語 石田三成（1560〜1600年）…秀吉に仕えた武将。行政・財政・外交政策に手腕を発揮し、五奉行の1人となって豊臣政権の維持に努めた。

第5章　全国統一と江戸幕府

マメ知識

家康方の東軍には三成と仲の悪かった武断派の武将たちが味方についた。

「関ヶ原の戦い」である。最初のうちは三成方の西軍の数も多く、一進一退の攻防が続いた。

入試に出る！

ところが西軍であるはずの小早川秀秋が寝返り東軍に味方した。

敵は西軍じゃ！

おのれ小早川め〜！

西軍は総くずれとなり、三成らは処刑された。

小早川秀秋は、関ヶ原の戦いでは西軍についていたが、あらかじめ家康と東軍側につく密約をかわしていたため、途中で東軍に寝返り、味方の西軍を攻撃した。秀秋の寝返りで、ほかにも東軍に寝返る武将らが現れ、西軍は総くずれとなった。

もっとくわしく
関ヶ原の戦いを引き起こした

武断派と文治派の対立

豊臣政権では武将の加藤清正・福島正則らの武断派と、石田三成を中心とする文治派の仲が悪く、朝鮮侵略中の作戦や行動でも対立するなど、政権内部はまとまらなかった。
秀吉が死去すると、家康は武断派の政治の主導権をにぎった。危機感をもった石田三成は家康をたおそうと兵をあげ、関ヶ原の戦いが起こった。

↓加藤清正
（熊本市立博物館蔵）

↓石田三成
（龍潭寺蔵）

重要用語
関ヶ原の戦い…1600年に美濃（岐阜県）関ヶ原で石田三成軍と徳川家康軍が戦った。「天下分け目の戦い」といわれ、勝利した家康が政権をにぎった。

158

＊織田は織田信長、羽柴は豊臣秀吉。

一六〇〇年、関ヶ原の戦いに勝利した徳川家康は全国支配の実権をにぎった。

＊織田がつき
羽柴がこねし
天下もち
すわりしままに
食うは徳川
…じゃ。

天下泰平

一六〇三年
家康は朝廷から**征夷大将軍**に任じられた。

重要

江戸の町を中心に政治や経済がまわるようにするぞ！

江戸城もりっぱに建て直そう。

一六〇五年
家康は将軍職を息子の秀忠にゆずった。

これで将軍職は代々徳川家がつぐことになるぞ。

はい父上。

しかしお前はまだ若すぎる。しばらくはわしが実権をにぎるからの！

はい。

マメ知識

三河（愛知県）の小大名の子として生まれた徳川家康は、六才のときから十九才まで、となりの国の織田氏や今川氏の人質にとられ、苦労して育った。織田信長や豊臣秀吉の活やくを助けながら力をたくわえたがまん強さは、こうした経験から養われたものといわれる。

重要用語

徳川家康（1542〜1616年）…江戸幕府の初代将軍。関ヶ原の戦いで勝利して政権をにぎり、大阪夏の陣で豊臣氏をほろぼし、徳川氏の政権をゆるぎないものとした。

第5章 全国統一と江戸幕府

入試に出る！

大名が守らなければならない決まり「**武家諸法度**」をつくったぞ！

- 大名どうしが勝手に結婚してはいけない。 ×
- 勝手に城をつくってはいけない。 ×
- むほん人をかくまってはいけない。
- となりの国に変なことがあれば知らせる。

など十三か条。

マメ知識

禁中並公家諸法度は朝廷と公家が守るべきことを定めた法令で、第一条に天皇は学問を優先することや、公家の官位・衣服などについても細かく規定した。

さらに家康は公家や寺社の決まりもつくった。

禁中並公家諸法度
学問を第一にせよ…か。

諸宗寺院法度
僧の生活も決められた…。

これで将軍以外が政治に口を出すことがなくなったわい！

わっはっは

もっとくわしく

江戸幕府のしくみ

将軍を頂点とした江戸幕府の組織や制度、法令はしだいに整えられ、三代将軍家光のころにほぼ完成した。最高の職は老中が政務の中心となり、若年寄が補佐した。大目付や目付が大名や旗本・御家人の監視にあたり、町奉行などの三奉行が一般政務を分担した。通常は老中が政務の中心となり、大老は臨時職の大老で、

```
                  将軍（江戸）
                     │
     ┌────┬────┬────┬────┬────┬────┬────┐
    大老  老中  若年寄 寺社奉行 京都所司代 大阪城代
  （臨時の職）              （寺社の  （朝廷と  （大阪の
                            取りしまり） 西国大名  役人たちの
                                       の監視）  統率など）
          │
     ┌────┼────┬────┐
    大目付 町奉行 勘定奉行 遠国奉行
   （大名の（江戸の（幕府の （長崎・日光
    監視） 行政など）財政など）などの取りしまり）
          │
         目付
       （旗本・御家
        人の監視）
```

重要用語

徳川秀忠（1579～1632年）…家康の三男。2代将軍となり、武家諸法度や禁中並公家諸法度の制定など、幕藩体制の確立に力をつくした。

2 豊臣氏の滅亡

天下は取ったがまだ大阪城には豊臣秀頼と淀君がおる…。秀吉様が残した財産も多い。

豊臣家が力をつけ、徳川をたおそうとするかもしれぬな。

そうだお金を使わせてしまえばいい！

母上 家康様から豊臣家ゆかりの寺 方広寺を再建するようにいわれました。

それはよい ぜひやりなさい！

淀君
豊臣秀頼

ところが、方広寺はばく大なお金をかけて再建された。

鐘に刻まれたこの文字は家康の名を二分している。

国家安康

のろいの言葉じゃ！

なにをいう！とんだいいがかりじゃ！

参考　**方広寺**…豊臣秀吉が京都に建立した寺。大仏殿には巨大な仏像が安置されていたが、地震でたおれてこわれた。のちに家康が秀頼に再建をすすめた。

第5章　全国統一と江戸幕府

一六一四年、ついに**大阪冬の陣**が始まる。

豊臣家に味方する武将はまだ多く、家康は苦戦し一度講和を申し出た。

講和の条件として大阪城の外堀をうめるという約束をしたが、家康は内堀までもうめてしまい、大阪城ははだか城同然になってしまう。

一六一五年四月、家康は再び大阪城を攻めた（**大阪夏の陣**）。

はげしい戦いののちついに豊臣家はほろびた。

重要

マメ知識

大阪夏の陣では、豊臣氏の味方になる大名は少なく、真田幸村の部隊は、家康の本陣に切りこむ活やくを見せたが、幸村は戦死した。なかでも関ヶ原の戦いで敗北した武将・豊臣軍は関ヶ原の戦いで取りつぶされた大名や浪人が多かった。

もっとくわしく　大阪の陣を引き起こした　方広寺の鐘

豊臣氏をほろぼそうと考えていた家康は、方広寺再建のときにつくられた鐘に刻まれていた文字に目をつけ、「国家安康」は家康の名を引きさいてのろい、「君臣豊楽」は豊臣を君主として子孫の繁栄を楽しむと解釈し、徳川をほろぼして豊臣の繁栄を願っているだろうといいがかりをつけた。おどろいた豊臣氏は弁解に努めたが、家康は受け入れず、豊臣氏は戦うことを決意した。

←方広寺の鐘の文字の部分（白く囲ってあるところ）。

参考

淀君（1567〜1615年）…母は織田信長の妹お市。秀吉の側室で、秀頼を産んだ。秀吉の死後、秀頼の後見人として政治に介入した。大阪夏の陣で秀頼とともに自害した。

3 江戸幕府の大名統制

「いよいよわが息子 秀忠が活やくするときじゃ！」

「父のあとをついで さらに戦の心配のない 世の中をつくるぞ！」

幕藩体制

```
          幕府（将軍）
       ↑領地        ↑領地・俸禄
    奉公↓忠義    奉公↓忠義・俸禄
      大名          旗本・御家人
    ↑領地        ↑俸禄
 奉公↓忠義    奉公↓忠義・俸禄
    家来（藩士）    家臣
```

※藩…将軍から一万石以上の領地をあたえられた武士のこと。

重要

「これが幕府を中心にした体制だ！」

「まずは大名たちにけじめをつけさせるぞ！　少しでもまちがいをおかした者はようしゃせん！」

豊臣氏に仕えていた大名たちは領地を取られたり（改易）、領地を移動させられたり（転封）した。

重要用語　旗本・御家人…将軍に直接仕えた家臣。一万石未満で江戸に住んだ。このうち将軍に直接会うことがゆるされる者を旗本、ゆるされない者を御家人といった。

第5章　全国統一と江戸幕府

マメ知識

わかりやすく大名の種類を三つに分けた。

親藩　徳川一族の大名。尾張、紀伊、水戸など。

譜代大名　「関ヶ原の戦い」以前から徳川氏に従っていた大名。

外様大名　「関ヶ原の戦い」ののちに徳川氏に従った大名。

入試に出る！

幕藩体制は、江戸幕府がとった中央集権的な支配体制で、将軍を頂点として幕府が大名を従え、大名が領地と人民を支配した。主君は家来に領地や俸禄（米や給料）をあたえ、家来は主君に忠義をちかって奉公した。

●江戸幕府の大名配置（1664年）

やはり外様の大名は信用できん。遠くへやってしまおう。

- 親藩
- 譜代大名
- 外様大名

井伊（彦根）、松平（福井）、池田（鳥取）、伊達（仙台）、池田（岡山）、前田（金沢）、浅野（広島）、上杉（米沢）、毛利（萩）、徳川（水戸）、黒田（福岡）、鍋島（佐賀）、徳川（名古屋）、藤堂（安濃津）、細川（熊本）、徳川（和歌山）、島津（鹿児島）

円内の数字（単位：万石）
30万石以上のみ記載
（　）内は藩名

もっとくわしく

鉢植えのように 江戸幕府の大名統制

初期の江戸幕府は、全国支配者としての地位を強めるため、大名の統制に力を入れた。武家諸法度に違反したり、とつぎがいない大名を取りつぶす改易、領地をへらす減封、領地を移しかえる転封（国替）が、しきりに行われ、大名とその領地の農民の結びつきを弱めた。また、譜代大名を外様大名との境において監視させるなど、大名を鉢植えするかのように、たくみに配置した。

重要用語　**御三家**…親藩の中でも御三家とよばれた尾張・紀伊・水戸の徳川家は、家康の子が分家したもので、将軍に後継者がいない場合にあとつぎを出した。

要点整理と重要事項のまとめ⑤

❶ ヨーロッパ人の来航と織田信長（室町時代～安土桃山時代）

①鉄砲とキリスト教の伝来
- **鉄砲**…1543年，**種子島**に漂着した**ポルトガル人**が伝える。
- **キリスト教**…1549年，**フランシスコ＝ザビエル**が伝える。**キリシタン大名**の登場。

②織田信長の統一事業
- **天下統一への動き**…**桶狭間**の戦いで**今川義元**を破る。**室町幕府**をほろぼし，**長篠の戦い**では**足軽鉄砲隊**を組織して**武田氏**をたおす。
- **信長の政治**…琵琶湖東岸に**安土城**。城下などで**楽市・楽座**を行い，**関所**を廃止する。**キリスト教の保護**。

❷ 豊臣秀吉の統一事業（安土桃山時代）

①統一事業の完成
- **山崎の戦い**…**明智光秀**をたおして信長の後継者に。
- **天下統一**…**大阪城**を拠点に，1590年，天下統一を完成。

②秀吉の政治
- **農民の支配**…**太閤検地**や**刀狩**で農民と武士の区別を明確に。
- **朝鮮侵略**…明を征服するため，朝鮮に2度**派兵**するが失敗。
- **桃山文化**…**姫路城**，**千利休**の**茶の湯**，阿国の歌舞伎踊り。

❸ 江戸幕府の成立（江戸時代）

①関ヶ原の戦いと徳川家康
- **関ヶ原の戦い**…**徳川家康**が勝ち，全国**支配**の実権をにぎる。
- **江戸幕府の成立**…1603年，家康は**征夷大将軍**に任じられる。
- **豊臣氏の滅亡**…**大阪冬の陣**，**夏の陣**で豊臣氏をほろぼす。

②江戸幕府のしくみ
- **幕藩体制**…全国を幕府領と大名領（**藩**）に分けて支配。**親藩**，**譜代大名**，**外様大名**に区別し，たがいに監視させる。
- **大名の支配**…**武家諸法度**の制定。

重要事項の一問一答 ⑤

① ヨーロッパ人の来航と織田信長（室町時代〜安土桃山時代）

①1543年に種子島に漂着したポルトガル人が伝えたものは何ですか。

②1549年に鹿児島に上陸し、キリスト教を伝えたイエズス会の宣教師はだれですか。

③1575年に織田信長が武田氏を破った戦いを何といいますか。

④信長が行った、市場の税を免除して座の特権を廃止した政策を何といいますか。

② 豊臣秀吉の統一事業（安土桃山時代）

①豊臣秀吉が石山本願寺のあと地に築き、全国統一の拠点とした城を何といいますか。

②秀吉は全国の田畑を調査して、耕作者を検地帳に登録しました。これを何といいますか。

③秀吉は、一揆を防ぐために農民から武器を取り上げました。これを何といいますか。

④明征服の足がかりとするため、秀吉が2度にわたって大軍を送った国はどこですか。

③ 江戸幕府の成立（江戸時代）

①1600年に徳川家康が石田三成らを破った戦いを何といいますか。

②大名の領地とその支配のしくみを何といいますか。

③①の戦いののちに徳川氏に従った大名を、何といいますか。

④江戸幕府が大名を取りしまるために定めた法律を何といいますか。

答え 　1 ①鉄砲　②（フランシスコ＝）ザビエル　③長篠の戦い　④楽市・楽座　2 ①大阪城　②（太閤）検地　③刀狩　④朝鮮　3 ①関ヶ原の戦い　②藩　③外様大名　④武家諸法度

2 次の文を読み，あとの問いに答えなさい。(湘南白百合学園中学校・改)

　古墳時代にも，朝鮮半島から日本に移り住む渡来人が増えた。大和朝廷は，渡来人のもつ新しい技術や文化を積極的に受け入れた。　　　　　　のように，渡来人との結びつきを強め，大きな力をもつ豪族も現れた。

(1) 　　　　　にあてはまる豪族を次のア〜エから1つ選んで，記号で答えなさい。
　ア　中臣氏　　イ　蘇我氏
　ウ　小野氏　　エ　物部氏

(2) 　右の図は渡来人がもたらした焼き物をつくるかまです。高温で焼けるので，かたい土器をつくることができます。このかまを何といいますか。ひらがなで答えなさい。

3 8世紀には，聖武天皇によって仏教が栄えました。これについて，次の問いに答えなさい。(十文字中学校・改)

(1) 　右の写真は，8世紀に今の奈良県につくられた都の模型です。中国の都だった長安にならってつくられました。この都の名前を答えなさい。

(2) 　聖武天皇は仏教をさかんにするために，地方ごとに寺を建てる命令を出しました。この寺の名前を答えなさい。

(3) 　8世紀には，日本の招きに応じて，ある僧が中国から来日しました。この僧はだれですか。次のア〜エから1人選び，記号で答えなさい。
　ア　行基　　イ　空海
　ウ　最澄　　エ　鑑真

(4) 　奈良時代につくられた本でないものを，次のア〜エから1つ選び，記号で答えなさい。
　ア　万葉集　　イ　源氏物語　　ウ　古事記　　エ　日本書紀

入試問題にチャレンジ ①

1 右の年表を見て，次の問いに答えなさい。（国府台女子学院中等部・改）

時代	できごと
縄文・弥生	・稲作が始まる…**a** ・百あまりの小国に分かれる…**b** ・奴国王が金印をさずかる…**c** ・卑弥呼が邪馬台国を統一
古墳	
飛鳥	・遣隋使を派遣…**d** ・遣唐使を派遣

(1) 年表中の**a**について，次の問いに答えなさい。
① 収穫した米をたくわえた倉庫を，次の**ア〜エ**の図から1つ選び，記号で答えなさい。

ア　イ　ウ　エ

② 稲作とともに青銅器や鉄器も伝えられましたが，次の**ア〜エ**のうち，金属器でないものを1つ選び，記号で答えなさい。
ア　銅銭　イ　銅鐸　ウ　銅鉾　エ　銅剣

(2) 年表中の**b**・**c**について，このころわが国では文字による記録はなかったのですが，中国でつくられた歴史書には，わが国のことが書かれています。次の問いに答えなさい。
① 年表中の**b**のことが書かれている中国の歴史書を次の**ア〜エ**から1つ選び，記号で答えなさい。
ア　『漢書』地理志　イ　『魏志』倭人伝
ウ　広開土王の碑　エ　『隋書』倭国伝

② 年表中**c**の金印が発見された場所を次の**ア〜エ**から1つ選び，記号で答えなさい。
ア　対馬　イ　壱岐　ウ　志賀島　エ　種子島

(3) 年表中**d**について，遣隋使にたくした国書（国王からの手紙）には，「　①　ところの天子が，　②　ところの天子に手紙をさしあげます」と書かれていました。①・②にあてはまる語句を入れて，手紙を完成させなさい。

①　　　　　②

①		②		③	
④		⑤		⑥	
⑦		⑧			

(2) 下線部 **a** について，次の文中の（ ）X・Y にあてはまる語句を漢字で答えなさい。

　　① は，中国（宋）との貿易を行うために，（ X ）（今の神戸港）を修築しました。また，平氏との関係が深く，一族の繁栄を祈って奉納した「平家納経」でも知られる（ Y ）神社は"世界遺産"にも登録されています。

X　　　　　　　　　Y

(3) 下線部 **b** について，武士の勢力が強まると領地や年貢をめぐって争いも多くなったので，1232年にこの法律を作りました。これを作った ⑤ はだれですか。漢字で答えなさい。

(4) 下線部 **c** について， ⑦ は2回にわたって日本に大軍をさし向けてきました。このときの ⑤ はだれですか。

2 右の絵は，室町時代の農作業の様子を描いたものです。これを見て，次の問いに答えなさい。（捜真女学校中等部・改）

(1) 大勢の人々が協力して田植えをしています。この時代の農民たちが協力したのは，農作業のときだけではありませんでした。支配者が高い年貢をかけるなどの無理な命令を出したときには，協力して抵抗しました。こうした抵抗を何といいますか。漢字2字で答えなさい。

(2) 面をつけて踊ったり，楽器を演奏している人たちがいます。田楽といわれるこうした踊りや演奏は，身分の高い人たちに保護されて芸術としてみがきあげられました。こうしてできた演劇を何といいますか。漢字で答えなさい。

入試問題にチャレンジ②

1 次の文を読んで、あとの問いに答えなさい。（山手学院中学校・改）

　12世紀の中ごろ、朝廷や藤原氏一族の争いが原因で2つの戦いがおこりました。この2つの争いを保元の乱と平治の乱といいます。これらの戦いではそれぞれが源氏や平氏の武士を味方にして争いましたので、この後ますます武士の勢力が大きくなっていきました。

　これらの戦いで勝者となって、武士で最初に政治をとったのが　①　でした。かれは a中国との貿易を行って大きな利益を得ました。またその一族は朝廷の重い役職につき、たくさんの荘園とよばれる私有地をもって栄華をきわめました。

　　①　のために伊豆に流されていた源頼朝は、北条氏や関東の武士たちの助けを得て平氏を破り、鎌倉に武士の政府である　②　をつくりました。鎌倉は三方を山に囲まれた守りによい地形で、また、源氏にゆかりのある土地でもありました。頼朝は、国々で軍事や警察の仕事をする　③　や、村々で土地の管理や年貢の取り立てなどにあたる　④　に自分の家来の武士たちを任命して全国を支配しました。

　源氏の将軍が三代で絶えると、　⑤　という役職についていた北条氏が力を伸ばして政治を進めました。承久の乱のあと、鎌倉の　②　の力は京都の朝廷をしのぐようになり、北条氏は b武士のための最初の法律である　⑥　を定め、裁判のきまりや制度を整えて政治のしくみを固めました。

　13世紀にはいると、大陸では周囲を次々と征服したモンゴルが中国を征服して国の名を　⑦　と改め、c日本にも降伏を求めて2度にわたって攻めてきました。

　この2度にわたる戦いで武士たちは、多くの費用をつかって　②　のために命がけで戦いました。しかし、この戦いではほうびの領地をほとんどもらえなかったので武士たちの不満が高まり、ついに北条氏はほろぼされてしまいました。こうして140年あまり続いた鎌倉時代は終わり、その後2年ばかりのあいだ朝廷の政治が行われました。

　しかし武家政治の復活を考えた　⑧　によって、京都に新しい　②　が開かれました。

(1)　文中の　　①～⑧にあてはまる語句を、それぞれ漢字で答えなさい。

近い ④ に城を築き，その城を彼の拠点としました。さらにキリスト教を保護して教会などを建てることをゆるしました。しかし戦いの途中，京都の本能寺で ⑤ におそわれ，全国を統一する夢は果たせませんでした。
　豊臣秀吉はもともと身分の低い武士の家に生まれましたが，織田信長に重く用いられ，信長の死後全国統一を果たしました。秀吉は ⑥ 城を築いてそこを拠点とし，朝廷から ⑦ や太政大臣などの高い位を与えられて全国を支配しました。さらに，検地や c 刀狩令を出して，武士と農民や町人などとの身分がはっきり区別されることとなりました。一方で ⑧ を征服するために， d 2度にわたって ⑨ に攻め込みました。秀吉はその最中に死んでしまい，兵を引き上げることになりました。

(1) ①～⑨にあてはまる語句を答えなさい。

①	②	③
④	⑤	⑥
⑦	⑧	⑨

(2) 下線部 **a** の戦いの名前を答えなさい。

(3) 下線部 **b** の城の近くにある湖の名前を，次の**ア**～**オ**から1つ選び，記号で答えなさい。
　ア　宍道湖　　**イ**　琵琶湖　　**ウ**　摩周湖
　エ　諏訪湖　　**オ**　河口湖

(4) 下線部 **c** の目的として最もふさわしいものを，次の**ア**～**エ**から1つ選び，記号で答えなさい。
　ア　御家人と御恩と奉公の関係を結ぶために出された。
　イ　自分の土地と他人の土地をはっきりさせるために出された。
　ウ　武器を外国に売るために出された。
　エ　農民が反抗するのを防ぐために出された。

(5) 下線部 **d** のできごとのとき， ⑨ から連れてこられた人々のうち最もふさわしいものを，次の**ア**～**エ**から1つ選び，記号で答えなさい。
　ア　城をつくる技術者
　イ　焼き物をつくる技術者
　ウ　米をつくる技術者
　エ　鉄をつくる技術者

入試問題にチャレンジ ③

1 次の文を読んで、あとの問いに答えなさい。(京華中学校・改)

　1543年、アジアとの貿易に力を入れていた ① 人の乗った中国船が九州の種子島に漂着し、日本に鉄砲を伝えた。 ① 人は、やがて平戸や ② などにも来航し、続いてスペイン人も日本に来航するようになった。その結果、堺・京都・博多などの大商人が外国との貿易をさかんに行い、平戸や ② は急速に発展していった。

　1549年には、スペイン人の宣教師だった ③ が鹿児島に上陸し、日本に初めてキリスト教を伝えた。その後、宣教師が次々に日本に来航し、各地に教会や神学校がつくられ、キリシタンの数は増えていった。九州では、みずから洗礼を受けてキリシタンとなる戦国大名も現れた。

(1) ①に入る国名を次のア〜エから1つ選び、記号で答えなさい。
　ア　オランダ　　イ　フランス
　ウ　ポルトガル　エ　イギリス

(2) ②には、江戸時代にオランダとの貿易をゆるされた港の名前が入ります。この港の名前を漢字で答えなさい。

(3) 下線部について、この貿易は何とよばれていますか。次のア〜エから1つ選び、記号で答えなさい。
　ア　朱印船貿易　イ　勘合貿易
　ウ　日宋貿易　　エ　南蛮貿易

(4) ③にあてはまる人物名をカタカナで答えなさい。

2 次の文を読んで、あとの問いに答えなさい。(帝京中学校・改)

　織田信長は a武田軍との戦いで大量の ① を武器として使用し、これを打ち破りました。さらに比叡山の ② 寺を焼き打ちにし、一方で、 ③ 氏を京都から追放して、室町幕府をたおしてしまいました。信長は、b京都に

Y 厳島(いつくしま)
(3) 北条泰時(ほうじょうやすとき)
(4) 北条時宗(ほうじょうときむね)

2 (1) 一揆(いっき)
(2) 能楽(能)(のうがく のう)

った貿易は日宋貿易とよばれる。
(4) 元のフビライ=ハンは日本に降伏(こうふく)を要求したが、北条時宗が拒否(きょひ)したため、元と高麗(らい)の連合軍が1274年と1281年に九州北部を襲撃(しゅうげき)した。これを元寇(げんこう)という。

2 (1) 室町時代の一揆(土一揆)のうち、借金を帳消(ちょうけ)しにする徳政令を求めて起こしたものは徳政一揆(とくせいいっき)、浄土真宗(じょうどしんしゅう)の信徒らが起こしたものは一向一揆(いっこういっき)とよばれる。
(2) 能楽(能)は観阿弥(かんあみ)・世阿弥(ぜあみ)父子によって大成された。

P170 - 171

1 (1) ウ
(2) 長崎(ながさき)
(3) エ
(4) (フランシスコ=)ザビエル

2 (1) ① 鉄砲(てっぽう)
② 延暦(えんりゃく)
③ 足利(あしかが)
④ 安土(あづち)
⑤ 明智光秀(あけちみつひで)
⑥ 大阪(おおさか)
⑦ 関白(かんぱく)
⑧ 明(中国)(みん)
⑨ 朝鮮
(2) 長篠の戦い(ながしの)
(3) イ
(4) エ
(5) イ

1 (2) 長崎では中国(清(しん))との貿易も行われていた。
(3) アの朱印船貿易(しゅいんせんぼうえき)は、江戸(えど)時代初めごろ、東南アジアを中心に行われた。イの勘合貿易(かんごう)は室町(むろまち)時代の明との貿易。
(4) ザビエルはイエズス会の宣教師(せんきょうし)。

2 (1) ②の延暦寺(えんりゃくじ)は浅井(あさい)氏・朝倉(あさくら)氏と結んで織田信長(おだのぶなが)に対抗(たいこう)した。⑤の明智光秀は信長の家臣(かしん)だったが、本能寺(ほんのうじ)に滞在(たいざい)していた信長を襲撃して自殺に追いこんだ。しかし、山崎の戦いで豊臣秀吉(とよとみひでよし)に敗れた。⑧⑨について、秀吉は、明征服(みんせいふく)の足がかりとするために朝鮮に派兵(はへい)したが、はげしい抵抗(ていこう)にあい失敗した。
(4) 秀吉は、刀狩令(かたながりれい)を出して、農民から刀ややりなどの武器(ぶき)を取り上げた。
(5) これらの人々によって、有田焼(ありたやき)・唐津焼(からつやき)などの新しい焼き物が発達した。

入試問題にチャレンジ 解答と解説

P166 - 167

1 (1) ① ア
　　　② ア
　(2) ① ア
　　　② ウ
　(3) ① 日がのぼる
　　　　（日出ずる）
　　　② 日がしずむ
　　　　（日没する）

2 (1) イ
　(2) のぼりがま

3 (1) 平城京
　(2) 国分寺（国分尼寺）
　(3) エ
　(4) イ

1 (1) ①アは高床の倉庫。稲を湿気から守るために床を高くしてあった。②青銅は銅とすずをまぜたもの。
　(2) ②志賀島は福岡県の博多湾にある。ここで発見された金印は、奴国王が漢の皇帝からさずかったものと考えられている。
　(3) 日本は中国の臣下として外交を行っていたが、聖徳太子はこれを改めて対等になろうと、隋の皇帝に国書を送った。

2 (1) 蘇我氏は朝鮮半島から伝えられた仏教などを積極的に受け入れた。
　(2) のぼりがまは斜面を利用してつくるかまで、朝鮮半島から伝えられた。

3 (2) 都の平城京には、各地の国分寺、国分尼寺を取りまとめる東大寺が建てられた。
　(3) 鑑真は来日後、唐招提寺を建てた。
　(4) イの『源氏物語』は、平安時代に紫式部が著した作品。

P168 - 169

1 (1) ① 平清盛
　　　② 幕府
　　　③ 守護
　　　④ 地頭
　　　⑤ 執権
　　　⑥ 御成敗（貞永）
　　　　式目
　　　⑦ 元
　　　⑧ 足利尊氏
　(2) X 大輪田（の）泊

1 (1) ①の平清盛は武士としてはじめて太政大臣になり、政治の実権をにぎった。②の幕府は、もともとは戦場での陣営をさしたが、源頼朝以降、将軍が政治を行う場所をさすようになった。⑤の執権は、鎌倉幕府の将軍を助ける役職。北条氏は代々この役職についていたので、北条氏の政治は執権政治とよばれる。⑥の御成敗式目は御家人に裁判などの基準を示したもの。
　(2) Xについて、清盛が中国（宋）との間で行

最重要項目年表

重要年代早覚え付き

● 暗記すべき重要項目を選んでのせてあります。
● 大事件・時代の変わり目には年代早覚えがついています。

区分	旧石器時代	縄文時代	弥生時代	
			紀元前➡	←紀元後
年代		一万年前ごろ〜一万二〇〇〇	紀元前四世紀ごろ	五七	二三九
できごと（年代早覚え）	地球全体が寒い、氷河時代 打製石器が使われるようになる 狩りや漁、採集をしてくらす	日本列島ができる 縄文土器がつくられる	中国大陸から米づくりが伝えられる 弥生土器がつくられる このころ青銅器や鉄器が伝わる	倭の奴国王が後漢（中国）に使いを送り、金印をさずかる	邪馬台国の女王卑弥呼が魏（中国）に使いを送る ▼文くださいね卑弥呼より 239

区分	奈良時代	平安時代			
	8世紀	9世紀	10世紀	11世紀	12世紀
年代	七一〇	七四三	七五二	七九四	八六六	八九四	九三五	一〇一六	一一五六	一一五九	一一六七
できごと（年代早覚え）	都を平城京に移す ▼なんときれいな平城京 710	開こん地の永久私有をみとめる（墾田永年私財法）	東大寺の大仏が完成する	都を平安京に移す ▼鳴くよウぐいす平安京 794	藤原良房が摂政になる	菅原道真の進言で遣唐使を停止	平将門の乱が起こる（〜四〇）	藤原道長が摂政となる	保元の乱が起こる	平治の乱が起こる	平清盛が太政大臣になる

時代	世紀	年	出来事
古墳時代	四世紀ごろ		各地に古墳がつくられる
	五世紀ごろ		大和朝廷(やまとちょうてい)が国内をほぼ統一する
古墳時代	6世紀	五三八	百済(くだら)(朝鮮)の王から仏教の経典と仏像がおくられる(五五二年とも)
		五九三	聖徳太子(しょうとくたいし)が推古天皇の摂政となる
飛鳥時代	7世紀	六〇三	聖徳太子が冠位十二階を定める
		六〇四	聖徳太子が十七条の憲法を定める ▼**群れよる民に十七条の憲法**
		六〇七	聖徳太子が法隆寺を建てる ▼**国民歓迎太子の政治**
			遣隋使を送る
		六三〇	第一回遣唐使を送る
		六四五	大化の改新が行われる
		六六三	白村江の戦いで日本軍が唐(中国)と新羅(朝鮮)の連合軍に敗れる
		六七二	壬申の乱が起こる
		七〇一	大宝律令を定める
	8世紀	七〇八	和銅開珎をつくる

時代	世紀	年	出来事
鎌倉時代		一一八五	壇ノ浦の戦いで平氏がほろびる
			源頼朝が守護・地頭を置く
		一一九二	**源頼朝が征夷大将軍になる** (いい国つくろう鎌倉幕府)1192
	13世紀	一二二一	承久の乱が起こる
		一二三二	北条泰時が御成敗式目を定める
		一二七四	文永の役が起こる
		一二八一	弘安の役が起こる ─元寇(げんこう)
		一三三三	**鎌倉幕府がほろびる** ▼**北条の一味散々鎌倉滅亡** 1333
室町時代	14世紀	一三三四	後醍醐天皇の建武の新政が始まる
		一三三八	足利尊氏が征夷大将軍になり、京都に幕府を開く
		一三七八	**足利義満が室町に幕府を移す** (**いざおこなわん政治は室町**)1378
		一三九二	足利義満が南北朝を一つにする
	15世紀	一四六七	応仁の乱が起こる(〜七七)
戦国時代	16世紀	一五四三	種子島に鉄砲が伝えられる
		一五四九	ザビエルがキリスト教を伝える

区分	戦国時代							安土桃山時代	江戸時代
	16世紀								17世紀
年代	一五六〇	一五七三	一五七五	一五八二	一五八二	一五八八	一五九〇	一五九二	一五九七	一六〇〇	一六〇三	一六一五
できごと（年代早覚え）	織田信長が桶狭間の戦いで今川を破る	織田信長が室町幕府をほろぼす（ひとことなみだの室町幕府）	信長が長篠の戦いで武田を破る	明智光秀が織田信長をたおす（本能寺の変）（人々粉々長篠で）	豊臣秀吉が太閤検地を始める	豊臣秀吉が刀狩令を出す	豊臣秀吉が全国を統一する	秀吉が朝鮮に兵を出す（文禄の役）	秀吉が再び朝鮮に兵を出す（慶長の役）	徳川家康が関ヶ原の戦いで勝つ	徳川家康が征夷大将軍になり、江戸幕府を開く（家康は一路王座にまっしぐら）	大阪夏の陣で豊臣氏がほろびる

[協力者]
- まんが＝人見倫平・工藤ケン
- 編集協力＝冬陽社
- 表紙デザイン＝原　佳子
- 本文デザイン＝久下尚子
- ＤＴＰ＝明昌堂
- 写真＝学研GINセンター
- 図版＝O2

中学入試 まんが攻略BON! 歴史―上巻―	◆この本に関するお問い合わせは，下記までお願いいたします。
▶編　者　学研	●編集内容については　　　03-6431-1545（編集部直通）
▶発行人　矢崎 悦男	●在庫，不良品については　03-6431-1199（出版販売部）
▶編集人　柴田 雅之	●上記以外のこの本に関することについては…お客さまセンターへ
▶編集担当　野口 光伸	〒141-8510　東京都品川区西五反田2-11-8
▶発行所　株式会社学習研究社　東京都品川区西五反田 2-11-8	学研　お客さまセンター「中学入試 まんが攻略BON! 歴史」係
▶印刷所　東京書籍印刷株式会社	電話　03-6431-1002

© GAKKEN 2006　　　　　　　　　　　　　　　　Printed in Japan